U0588623

2014-2015年世界电子信息产业发展蓝皮书

The Blue Book on the Development of World
Information Technology Industry（2014-2015）

中国电子信息产业发展研究院　编著

主　编／罗　文
副主编／安　晖

人民出版社

责任编辑：邵永忠

封面设计：佳艺堂

责任校对：吕　飞

图书在版编目（CIP）数据

2014～2015年世界电子信息产业发展蓝皮书 / 罗文 主编；

中国电子信息产业发展研究院 编著 . —北京：人民出版社，2015.7

ISBN 978-7-01-014999-8

Ⅰ . ① 2… Ⅱ . ①罗… ②中… Ⅲ . ①电子信息产业—产业发展—白皮书—

世界— 2014～2015 Ⅳ . ① F49

中国版本图书馆 CIP 数据核字（2015）第 141329 号

2014-2015年世界电子信息产业发展蓝皮书
2014-2015NIAN SHIJIE DIANZI XINXI CHANYE FAZHAN LANPISHU

中国电子信息产业发展研究院　编著
罗　文　主编

人民出版社 出版发行
（100706　北京市东城区隆福寺街 99 号）

北京艺辉印刷有限公司印刷　新华书店经销

2015 年 7 月第 1 版　2015 年 7 月北京第 1 次印刷

开本：710 毫米 ×1000 毫米　1/16　印张：13.5

字数：230 千字

ISBN 978-7-01-014999-8　定价：68.00 元

邮购地址　100706　北京市东城区隆福寺街 99 号

人民东方图书销售中心　电话（010）65250042　65289539

代 序

大力实施中国制造2025　加快向制造强国迈进
——写在《中国工业和信息化发展系列蓝皮书》出版之际

制造业是国民经济的主体，是立国之本、兴国之器、强国之基。打造具有国际竞争力的制造业，是我国提升综合国力、保障国家安全、建设世界强国的必由之路。新中国成立特别是改革开放以来，我国制造业发展取得了长足进步，总体规模位居世界前列，自主创新能力显著增强，结构调整取得积极进展，综合实力和国际地位大幅提升，行业发展已站到新的历史起点上。但也要看到，我国制造业与世界先进水平相比还存在明显差距，提质增效升级的任务紧迫而艰巨。

当前，全球新一轮科技革命和产业变革酝酿新突破，世界制造业发展出现新动向，我国经济发展进入新常态，制造业发展的内在动力、比较优势和外部环境都在发生深刻变化，制造业已经到了由大变强的紧要关口。今后一段时期，必须抓住和用好难得的历史机遇，主动适应经济发展新常态，加快推进制造强国建设，为实现中华民族伟大复兴的中国梦提供坚实基础和强大动力。

2015 年 3 月，国务院审议通过了《中国制造 2025》。这是党中央、国务院着眼国际国内形势变化，立足我国制造业发展实际，做出的一项重大战略部署，其核心是加快推进制造业转型升级、提质增效，实现从制造大国向制造强国转变。我们要认真学习领会，切实抓好贯彻实施工作，在推动制造强国建设的历史进程中做出应有贡献。

一是实施创新驱动，提高国家制造业创新能力。把增强创新能力摆在制造强国建设的核心位置，提高关键环节和重点领域的创新能力，走创新驱动发展道路。加强关键核心技术研发，着力攻克一批对产业竞争力整体提升具有全局性影响、

1

带动性强的关键共性技术。提高创新设计能力，在重点领域开展创新设计示范，推广以绿色、智能、协同为特征的先进设计技术。推进科技成果产业化，不断健全以技术交易市场为核心的技术转移和产业化服务体系，完善科技成果转化协同推进机制。完善国家制造业创新体系，加快建立以创新中心为核心载体、以公共服务平台和工程数据中心为重要支撑的制造业创新网络。

二是发展智能制造，推进数字化网络化智能化。把智能制造作为制造强国建设的主攻方向，深化信息网络技术应用，推动制造业生产方式、发展模式的深刻变革，走智能融合的发展道路。制定智能制造发展战略，进一步明确推进智能制造的目标、任务和重点。发展智能制造装备和产品，研发高档数控机床等智能制造装备和生产线，突破新型传感器等智能核心装置。推进制造过程智能化，建设重点领域智能工厂、数字化车间，实现智能管控。推动互联网在制造业领域的深化应用，加快工业互联网建设，发展基于互联网的新型制造模式，开展物联网技术研发和应用示范。

三是实施强基工程，夯实制造业基础能力。把强化基础作为制造强国建设的关键环节，着力解决一批重大关键技术和产品缺失问题，推动工业基础迈上新台阶。统筹推进"四基"发展，完善重点行业"四基"发展方向和实施路线图，制定工业强基专项规划和"四基"发展指导目录。加强"四基"创新能力建设，建立国家工业基础数据库，引导产业投资基金和创业投资基金投向"四基"领域重点项目。推动整机企业和"四基"企业协同发展，重点在数控机床、轨道交通装备、发电设备等领域，引导整机企业和"四基"企业、高校、科研院所产需对接，形成以市场促产业的新模式。

四是坚持以质取胜，推动质量品牌全面升级。把质量作为制造强国建设的生命线，全面夯实产品质量基础，提升企业品牌价值和"中国制造"整体形象，走以质取胜的发展道路。实施工业产品质量提升行动计划，支持企业以加强可靠性设计、试验及验证技术开发与应用，提升产品质量。推进制造业品牌建设，引导企业增强以质量和信誉为核心的品牌意识，树立品牌消费理念，提升品牌附加值和软实力，加大中国品牌宣传推广力度，树立中国制造品牌良好形象。

五是推行绿色制造，促进制造业低碳循环发展。把可持续发展作为制造强国建设的重要着力点，全面推行绿色发展、循环发展、低碳发展，走生态文明的发展道路。加快制造业绿色改造升级，全面推进钢铁、有色、化工等传统制造业绿色化改造，促进新材料、新能源、高端装备、生物产业绿色低碳发展。推进资源高效循环利用，提高绿色低碳能源使用比率，全面推行循环生产方式，提高大宗工业固体废弃物等的综合利用率。构建绿色制造体系，支持企业开发绿色产品，大力发展绿色工厂、绿色园区，积极打造绿色供应链，努力构建高效、清洁、低碳、循环的绿色制造体系。

六是着力结构调整，调整存量做优增量并举。把结构调整作为制造强国建设的突出重点，走提质增效的发展道路。推动优势和战略产业快速发展，重点发展新一代信息技术产业、高档数控机床和机器人、航空航天装备、海洋工程装备及高技术船舶、先进轨道交通装备、节能与新能源汽车、电力装备、新材料、生物医药及高性能医疗器械、农业机械装备等产业。促进大中小企业协调发展，支持企业间战略合作，培育一批竞争力强的企业集团，建设一批高水平中小企业集群。优化制造业发展布局，引导产业集聚发展，促进产业有序转移，调整优化重大生产力布局。积极发展服务型制造和生产性服务业，推动制造企业商业模式创新和业态创新。

七是扩大对外开放，提高制造业国际化发展水平。把提升开放发展水平作为制造强国建设的重要任务，积极参与和推动国际产业分工与合作，走开放发展的道路。提高利用外资和合作水平，进一步放开一般制造业，引导外资投向高端制造领域。提升跨国经营能力，支持优势企业通过全球资源利用、业务流程再造、产业链整合、资本市场运作等方式，加快提升国际竞争力。加快企业"走出去"，积极参与和推动国际产业合作与产业分工，落实丝绸之路经济带和 21 世纪海上丝绸之路等重大战略，鼓励高端装备、先进技术、优势产能向境外转移。

建设制造强国是一个光荣的历史使命，也是一项艰巨的战略任务，必须动员全社会力量、整合各方面资源，齐心协力，砥砺前行。同时，也要坚持有所为、有所不为，从国情出发，分步实施、重点突破、务求实效，让中国制造"十年磨一剑"，十年上一个新台阶！

工业和信息化部部长

2015 年 6 月

前　言

自 20 世纪 80 年代以来，电子信息产业凭借技术含量高、附加值高、污染少等特点，进入持续高速发展期，并且充分发挥对国民经济发展和社会进步的引领带动作用，成为许多国家尤其是发达国家的支柱性产业之一，在 GDP 中的比重一路走高，增长率基本保持在 6％—10％之间，平均为同期世界 GDP 增长率的 2 倍。世界经济在经历了 2008 年的国际金融危机和 2009 年的调整后，开始进入新一轮的结构调整。在发达经济体稳步复苏和新兴经济体高速增长的带动下，世界经济自 2010 年开始呈现稳步回升态势。世界经济的稳步复苏对电子信息产业发展起到积极促进作用，电子信息产业开始走出低谷，电子信息产品市场全面进入缓慢回升通道。

2014 年，全球电子信息产业格局进一步调整。美国、西欧等发达国家和地区电子信息产业萎缩情况有所好转，但产业低迷态势尚未彻底摆脱。新兴国家仍保持稳步增长态势，为领导产业复苏的主导力量，但增速进一步放缓。全球电子信息产业竞争日益激烈，为抢夺移动互联网时代先机，电子信息产业并购交易再创新高，国际知识产权竞争激烈，贸易摩擦不断升级，万物互联进入推动阶段，企业竞争方式更趋深化，技术研发投入持续增加。

一

电子信息产业是高新技术产业的典型代表，世界上许多国家都以电子信息产业作为推动经济和社会发展的支柱产业。电子信息产业日益成为衡量一个国家、一个地区整体竞争力和核心竞争优势的重要标志之一。此外，电子信息产业在拉动产业结构调整、为经济发展提供新模式、保证经济的可持续发展方面起到重要作用。可以说，电子信息产业是经济增长的"倍增器"、发展方式的"转换器"和产业升级的"助推器"，也是国家间竞争的重要领域之一。

电子信息产业在国民经济中的占比日益上升，且对国民经济具有显著的带动作用，具体表现为以下几个方面：

第一，在新一代技术革命的推动下，许多高新技术产业获得了新的发展空间，迎来了新的发展阶段，电子信息产业在其中扮演风向标和突破口的角色。高新技术产业的发展离不开电子信息产业的支撑和应用，电子信息产业对国民经济具有先决作用。

第二，电子信息产业具备对发展模式的强大改造和塑造作用。信息技术创新应用将快速深化，加速向互联网化、移动化、智慧化方向演进，以信息经济、智能工业、网络社会等为主要特征的高度信息化社会将引领产业迈入转型发展的新时代。

第三，电子信息产业与其他产业的融合，可催生新的经济增长点。信息化融合工业化、信息技术改造传统产业、发展智能制造和推进制造服务化，电子信息产业成为工业转型升级的重要推动力。

二

当前，全球电子信息产业发展的内外部环境正在发生深刻变革，既为产业的进一步纵深发展提供了前所未有的战略机遇，也使产业面临着发展瓶颈和制约，产业发展进入蓄势待发的关键阶段，亟须理清思路。概括而言，目前，产业发展具备以下特点。

第一，中美领衔投融资热潮，国际交流与合作活跃。伴随着互联网和移动互联网的兴起，国内外电子信息企业加强合作，并购重组行为集中爆发。从全球IT领域投融资规模来看，投资、并购、IPO规模均创历史新高。

第二，IT业跨界融合趋势明显，产业融合渗透加快。企业的经营模式转变速度加快，"硬件＋内容＋服务"的发展理念加速普及，推动硬件制造商、网络运营商和内容提供商之间的合作与互动。软件的渗透作用和改造作用明显增强。

第三，国际知识产权竞争激烈，专利纠纷层出不穷。随着移动智能终端产业进入成熟期，全球电子信息产业高速发展的步伐即将放缓，产业和产品间的竞争日趋激烈，知识产权成为企业——特别是巨型企业之间相互制衡、甚至是打压对方的主要方式之一。

第四，贸易摩擦不断升级，高科技产品成为摩擦焦点。在全球经济低迷，贸易保护主义升温的背景下，国际间贸易摩擦也不断增加。发达经济体开始通过立法或政策推进的形式保护本国电子信息企业，扩充IT相关产业的就业容纳力度，从而推进本国电子信息产业发展，提振经济。

第五，万物互联进入推动阶段，演化路径逐渐清晰。受无线通讯设备普及，芯片价格下跌，大数据、云计算快速发展以及4G带来的高速低延时的网络等因素影响，物联网（Internet of Things）整体发展架构已渐成熟，万物互联（Internet of Everything）的大幕已经开启。无论从国家层面亦或是企业层面，物联网推进已经全面展开，万物互联演化路径逐渐清晰，产业推进将进入快速发展通道。

第六，竞争方式更趋深化，生态竞争成为取胜关键。传统的产品竞争日益深化为产业链竞争、生态圈竞争。国际巨头围绕系统平台升级、应用软件开发、数字内容集成、硬件更新换代的互动发展，构建"产品＋内容＋服务"的产业生态系统。产业链竞争进一步巩固了跨国巨头的发展主导权，拉开了与产业其他企业在技术、市场、产业链各环节的差距。

第七，技术水平提升加快，技术创新保持高度活跃。全球信息技术创新热度不减，信息领域新技术、新产品、新服务、新应用、新业态不断涌现，电子信息产品的智能化、网络化、服务化趋势日益突出。

三

技术的新突破，催生新兴产业，创造新兴模式，形成新的经济增长点，将推动世界电子信息产业的新一轮产业革命。展望2015年，世界电子信息产业在市场需求、关键技术、企业发展模式、竞争核心和竞争领域等方面的发展态势可归纳为以下几点：

一是电子信息产业延续增长态势，市场规模持续扩大，研发投入占比进一步扩大。2015年，电子信息产品市场规模将维持整体3.5%到5%的增速。预测电子信息产业市场规模预计将达到21025.51亿美元，年均增长率约为4%。

二是技术创新不断，并强化技术与服务的有机融合。美国、欧盟、日本和中国都将围绕信息技术开发和应用所形成的新兴产业作为发展重点。美国将宽带网、智能电网和医疗信息技术等作为投资重点；欧盟希望在基于互联网的智能基础设施上全球领先；日本强化在半导体、智能机器人领域的研发；中国加大对集成电路及专用装备、信息通信设备领域的支持力度。

三是龙头企业并购重组规模进一步加剧，产业格局有望重构。随着全球一体化进程的加快和新一代信息技术的发展，2015年爆发的大型并购投资活动的跨界、跨境特征将更加明显。一方面，大型收购企业的并购将以开拓上下游产业领域或挺进新兴业务领域为目的；另一方面，国内外IT巨头将纷纷加大海外投资与并购力度，以增强其在跨境市场的竞争力。这种大规模的战略性并购重组不仅会推进行业扩张的速度，还会改变行业格局。

四是互联网渗透力度和广度加大，催生新兴商业模式。2015年，以互联网为代表的现代信息技术将得到更深入的应用，形成一批辐射范围广、带动作用强的产业新增长点。推进自主、安全信息技术和产品在工业各领域的广泛应用为世界电子信息产业发展带来新机遇，加强应用电子产品的系统研发和智能化应用将推动产业格局发生重大变革。

四

基于上述思考，赛迪智库研究编撰了《2014—2015年世界电子信息产业发展蓝皮书》。本书从推动产业进一步发展的角度出发，系统剖析了世界电子信息产业发展的特点与问题，并根据当年产业发展情况，对产业运行、行业特征、重点区域和企业近况进行了全面阐述与展望。全书分为综合篇、热点篇、行业篇、区域篇、企业篇和展望篇共六个部分。

综合篇，从2014年世界电子信息产业基本发展情况、整体发展特点等角度进行归纳总结并展开分析。

热点篇，总结论述了2014年世界电子信息产业的热点事件，并对事件做出评析。

行业篇，选取计算机、通信设备、家用视听设备、平板显示、太阳能光伏、LED等重点行业进行专题分析，对各重点行业及细分领域在2014年的发展情况进行回顾，并总结了2014年各行业的发展特点。

区域篇，根据世界电子信息产业发展态势，选取美国、欧洲、日本、韩国、中国、中国台湾等重点国家和地区，对各区域的整体发展情况、产业发展特点、主要行业发展情况展开分析。

企业篇，依托于行业篇选取的重点行业，在每个行业选取经营规模、技术水平、核心竞争力居于前列，发展模式具有代表性或独具特色的企业展开研究，主要介绍企业在 2014 年的总体发展情况和发展策略。

展望篇，结合世界电子信息产业发展面临的形势、发展现状与趋势，对世界电子信息产业 2015 年运行情况做出展望与预测，并同时展望了行业篇与区域篇选取的重点行业与重点区域的 2015 年发展态势。

目前，世界电子信息产业受益于全球经济的缓慢复苏，位于温和复苏发展的阶段。电子信息产业格局进一步调整，市场结构发生微调；集成化、平台化、融合化和多元化趋势显现，产业竞争门槛日益提高；新兴产业群为应用发展提供广阔的市场空间。充分了解世界电子信息产业的发展现状，把握其发展特点，明晰其发展趋势，将帮助我们汲取过往的发展成果和经验，借鉴曾经的失败和教训，在大势中判断并抓住发展的转折点，在转型中提高可持续发展的能力，并在转型中创造出新的竞争力，为促进产业发展提供源源不断的驱动力，迎来产业发展的新局面。

工业和信息化部电子信息司司长

目 录

行 业 篇

区 域 篇

企 业 篇

展 望 篇

综合篇

第一章　2014年世界电子信息产业发展状况

　　2014年世界经济保持温和增长态势，金融危机之后的全球结构调整期尚未结束，各国经济发展不均。总体来看，全球经济疲软状态尚未得到根本解决，下行风险依然存在。根据联合国在2014年12月发布的《2015年世界经济形势与展望》报告，2014年世界经济增长2.6%，较年初预测的3%下调0.4个百分点。联合国预计，2015年和2016年世界经济将分别增长3.1%和3.3%。全球经济增长持续低迷，对世界电子信息产品市场带来不利影响。2014年，全球电子信息产业格局进一步调整。美国、西欧等发达国家和地区电子信息产业萎缩情况有所好转，但产业低迷态势尚未彻底摆脱。新兴国家仍保持稳步增长态势，为领导产业复苏的主导力量，但增速进一步放缓。全球电子信息产业竞争日益激烈，为抢夺移动互联网时代先机，电子信息产业并购交易再创新高，国际知识产权竞争激烈，贸易摩擦不断升级，万物互联进入推动阶段，企业竞争方式更趋深化，技术研发投入持续增加。

第一节　产业规模

一、世界电子信息产业规模稳步扩大

　　自2011年以来，全球经济发展呈波动态势，增速逐步减缓，发达经济体仍是全球经济的主要动力，但经济增长速度有差异：核心国家增长强劲，高债务国家增长疲弱。由于法、德等核心国经济回暖以及希腊扭转颓废局面，欧元区和欧盟GDP同比增速略有回升，但受通货紧缩压力增大影响及希腊政府持续面临的主权债务危机等一系列挑战，欧洲市场增长依然乏力。新兴经济体在外部环境的

不利影响下，增速有所下降。由于经济结构长期失衡、石油能源收入下降，俄罗斯经济下滑风险呈现走高态势。其他新兴经济体面临通缩压力，难以开启高速增长模式。

各国疲软的经济发展态势对世界电子信息制造业的发展造成影响，这一趋势在 2012 年表现得更为明显，使世界电子信息制造业的产销值年增长率均降至 2009 年金融危机后的最低点。2013 年，随着世界经济的逐步复苏发展，全球电子信息产品市场呈现回升增长态势。据《世界电子数据年鉴 2013》（The Yearbook of World Electronics Data 2013）的统计数据显示，2013 年世界电子产品制造业产值规模和市场规模分别增长 2.52% 和 2.33%，分别高出 2012 年 4.02 和 4.24 个百分点。2014 年，世界电子信息产品市场规模进一步增长至 18972 亿美元，同比增长 3.82%，较 2013 年高出 1.49 个百分点。

二、细分领域市场规模增速存在差异

集成电路、LED 和新型显示产业发展势头迅猛。集成电路产业方面，根据全球半导体贸易统计（WSTS），2014 年全球半导体市场规模达到 3331 亿美元，同比增长 9%，为近四年增速之最。LED 产业方面，据 Strategies Unlimited 等咨询机构统计，2014 年全球 LED 市场规模达到 196 亿美元，较 2013 年的 145 亿美元增长 35.17%，是近五年来的最高增速。新型显示方面，受电视平均尺寸增加、大屏手机、车载显示和公共显示迅猛发展的拉动，近年来全球新型显示产业保持了持续增长态势。2014 年全球新型显示产业销售收入超过 2000 亿美元，其中面板产值超过 1300 亿美元。

物联网、医疗电子等新兴产业表现活跃。物联网方面，IC Insights 数据显示，2014 年具备连网及感测系统功能的物联网整体产值约 483 亿美元，同比增长 21%。医疗电子产业方面，全球医疗电子市场在移动医疗、智慧医疗、远程医疗等医疗新模式的带动下，正处于稳步增长阶段。2014 年市场销售额约 2255 亿美元，同比增长 5.67%。其中，移动医疗发展最为迅猛，市场规模达 45 亿美元，同比增长约 50%。

光伏、通信设备、家用视听产业呈现平稳较快发展态势。光伏产业方面，2014 年全球多晶硅产量稳中有升，达 28 万吨，同比增长 13.8%；光伏组件产量达 50GW，同比增长 24.1%；光伏新增装机市场达 43GW，同比增长近 19%。通信设备产业方面，2014 年受 4G 建设驱动，全球通信设备产业规模出现明显增长，达 1498 亿美元，同比增长 8.39%。家用视听方面，据市场研究机构 WitsView 报告，2014 年全球液晶电视市场出货量约 2.15 亿台，年增长率约为 5.4%，智能液晶电视渗透率达 36%。据国际咨询机构 DisplaySearch 统计，2014 年全球智能电视出货量达 7600 万台，渗透率达 36%。

计算机和锂电子电池产业发展动力欠佳。在计算机产业方面，一是据 Gartner 数据显示，2014 年全球包括台式计算机、笔记本电脑在内的 PC 市场出货量约为 3.16 亿台，同比 2013 年下滑 0.1%，下滑幅度比 2013 年（10%）减少 9.9 个百分点。二是据 IDC 数据显示，2014 全年平板电脑总出货量为 2.296 亿台。尽管仍保持 4.4% 的同比增长，但增长幅度较 2013 年（50%）已大幅缩水，标志着平板电脑产品进入市场饱和期。锂电子电池方面，2014 年全球电动汽车、电动自行车、储能等市场快速发展，带动全球锂离子电池市场规模稳步扩大至 249 亿美元，同比增长 12%，增幅比 2013 年下滑 9 个百分点，是 2012 年以来连续两年下滑。

第二节　支出规模

根据 Gartner 发布的数据显示，2014 年全球 IT 支出（包括硬件、IT 服务以及通信市场）总额稳步扩大至 3.4 万亿美元，较 2013 年增长 3.2%。相比之下，2012 年全球 IT 支出同比增长 2.1%。其中，终端设备市场包括 PC、Ultramobile（超便携设备）、手机、平板机和打印机等，是全球 IT 支出中所占比重最大的部分。据 Gartner 测算，2014 年全球终端设备市场支出总值达到 6890 亿美元，较 2013 年增长 4.4%。在支出结构方面，Gartner 指出，由于成熟市场中的购买人群需求更倾向于中端移动设备，而新兴市场中的购买人群更偏好于价格较低的实用性移动设备，如 Android 基本款手机，因此高端移动设备的销售量有所下滑，导致产品组合结构有所调整。

从地区支出规模来看，亚太地区 IT 支出规模约为 7590 亿美元，较 2013 年增长 4.4%；中国 IT 支出超过 2 万亿人民币，相比 2013 年约增长 7%。受终端设备与某些扩展类 IT 服务的增长速度放缓影响，该统计数值略低于 Gartner 之前的预测数值。此外，Gartner 预计 2015 年全球 IT 支出增速会继续增长，将达到 4.2%；

2016 年有所回调，预计为 3.8%；2017 年有望进一步下降至 3.5%。

表 1-1 2014 年全球 IT 支出规模　　　　　　　　（单位：十亿美元）

类别	2013年支出	2013年增长率（%）	2014年支出	2014年增长率（%）	2015年预计支出	2015年预计增长率（%）
终端设备	677	1.1	689	4.4	725	5.8
数据中心系统	140	-0.1	143	2.3	144	2.9
IT服务	932	0.0	964	4.6	1007	4.1
电信服务	1624	-1.2	1635	0.7	1668	2.0
总计	3373	0.0	3429	3.2	3544	3.7

资料来源：赛迪智库整理，2015 年 1 月。

全球 IT 支出规模稳步增长的原因包括：一是全球经济逐步升温，企业在支撑业务增长的过程中正在逐步恢复 IT 支出；二是 2014 年消费者对于新设备的需求有所增长，产生新一轮的"换机热潮"。虽然 Gartner 指出这一轮的换机潮中的大部分设备是功能较为基础且价格偏低的设备。

第三节　产业布局情况

随着全球经济温和增长，世界电子信息产业延续 2013 年的缓慢回升态势，2014 年世界大多数国家和地区电子产品产销恢复增长或降幅缩小。在工业互联网、工业 4.0 等相关政策的推动下，以美国、欧洲为代表的发达国家电子信息产业规模呈现回温态势，主要发达国家对于世界电子信息产业的带动力有所增强，但增长幅度依旧有限。巴西、印度、墨西哥等新兴国家电子信息产业规模增长势头强劲，成为推动全球电子信息产业发展的重要力量。

表 1-2　2013 年世界电子产品产值排名前十的国家和地区　　（单位：百万美元）

国家和地区	2011年		2012年		2013年	
	产值	增长率	产值	增长率	产值	增长率
中国	553040	10.4	587435	6.2	611989	4.2
美国	245851	-0.7	237662	-3.3	238523	0.4
日本	200443	-5.3	169875	-10.5	167182	-1.6
韩国	107405	1.2	107794	-0.9	113044	4.9

（续表）

国家和地区	2011年		2012年		2013年	
	产值	增长率	产值	增长率	产值	增长率
中国台湾	60807	10.2	66675	−0.5	71184	6.8
德国	65887	8.3	62116	−13.0	62031	−0.1
马来西亚	59406	3.8	58817	−4.6	60489	2.8
新加坡	60987	−0.3	58353	−4.3	59248	1.5
墨西哥	52385	−0.5	51966	−0.8	52969	1.9
巴西	42328	13.8	37424	−11.6	41454	10.8

数据来源：The Yearbook of world Electronics Data 2013，赛迪智库整理，2015年3月。

表1-3　2013年世界电子产品市场规模排名前十的国家和地区　　（单位：百万美元）

国家和地区	2011年		2012年		2013年	
	产值	增长率	产值	增长率	产值	增长率
美国	407098	3.52	407458	0.09	410166	0.66
中国	352163	9.35	373287	6.00	393191	5.33
日本	178529	−0.90	168283	−4.31	168298	0.01
德国	90042	3.71	77396	−14.04	78201	1.04
巴西	58803	13.92	53914	−8.31	57792	7.19
韩国	51578	1.01	51576	0.00	53012	2.78
英国	46605	5.98	44029	−5.53	44266	0.54
墨西哥	39846	4.00	40552	1.77	42267	4.23
印度	38284	12.77	37339	−2.47	40614	8.77
法国	44779	3.81	38905	−13.12	39146	0.62

数据来源：The Yearbook of world Electronics Data 2013，赛迪智库整理，2015年3月。

从主要国家和地区电子信息产业发展情况来看，美国的电子信息产业发展实力仍在全球市场中占据优势。在信息通信技术、能源技术革命、制造业高端技术的研发和利用方面，美国均具有突出的比较优势，且能够引领全球技术和商业模式创新。日本受经济长期走低影响，其电子信息产业的国际地位有所下滑。为了扭转这一现状，日本政府加大对大数据及数据开发和云计算的投资支持力度，使得2014年日本电子工业国内生产总额同比增长3%，成为继2011年日本大地震后持续下跌以来的首次正增长。中国电子信息产业规模在2014年稳步扩大，全年完成销售收入达14万亿元，同比增长13%。同时，中国在参与电子信息产业国际标准制定方面的话语权不断增强，2014 年主导制定了在云计算、物联网、射频连接器、同轴通信电缆等领域的国际标准制定，提升了在世界电子信息产业发展中的地位。中国台湾地区的电子信息产业同样在全球占据重要地位。2014年台湾地区对美国出口年增 7.1%，对欧洲出口年增 3.5%，对亚洲出口年增长 2.6%，其中，对中国大陆及香港、东盟六国与日本的出口值都创历年新高。

第四节　国际领先企业生产情况

2014 年，伴随着全球电子信息领域新产业、新业态、新技术、新商业模式的不断涌现，全球电子信息企业竞争加剧，龙头企业发展势头强劲。在全球 IT 企业当中，市值超过一千亿美元的企业共有十四家。其中，苹果以 6473.6 亿美元的市值占据第一位，微软以 3828.8 亿美元的市值位列第二位，谷歌则以 3570.9 亿美元的市值位列微软之后。中国的 IT 龙头企业阿里巴巴凭借 2583.6 亿美元的市值位列第四。

表 1-4　2014 年全球 IT 企业市值 TOP20 排行榜　（市值单位：亿美元）

排名	企业	2014年12月31日市值	2014年12月31日股价	2013年12月31日股价	年度涨幅
1	苹果	6473.6	110.38	78.49	40.63%
2	微软	3828.8	46.45	36.41	27.57%
3	谷歌	3570.9	526.4	560.36	−6.06%
4	阿里巴巴	2583.6	103.94	93.89	10.70%
5	Facebook	2175.1	78.02	54.65	42.76%
6	三星电子	2026.7	1327000	1371555	−3.25%
7	甲骨文	1992.8	44.97	37.8	18.97%
8	英特尔	1754.6	36.29	25.16	44.24%
9	IBM	1387.8	160.44	183.12	−12.39%
10	亚马逊	1436.9	310.35	398.79	−22.18%
11	思科	1422.3	27.82	21.74	27.97%
12	腾讯	1358.9	112.5	98.7	13.98%
13	高通	1235.8	74.33	72.69	2.26%
14	台积电	1160.6	22.38	17.06	31.18%
15	SAP	832.7	69.65	85.55	−18.59%

（续表）

排名	企业	2014年12月31日市值	2014年12月31日股价	2013年12月31日股价	年度涨幅
16	百度	799.6	227.97	177.88	28.16%
17	塔塔咨询	795.2	2558.25	2139.13	19.59%
18	惠普	747.2	40.13	27.48	46.03%
19	德州仪器	564.8	53.47	42.74	25.11%
20	ASML	470.2	107.83	92.77	16.23%

数据来源：赛迪智库整理，2015年1月。

从全球IT企业市值排行榜来看，美国龙头企业势力最强，在市值前十位的IT企业当中，美国企业有八家，其余两家为中国企业阿里巴巴和韩国的三星电子。苹果公司2014年发布了一系列产品，包括iPhone 6、iPhone 6 Plus、iOS 8.0系统及智能手表Apple Watch等，受益于iPhone 6的全球热销，苹果在2014年第四季度占据了美国智能手机市场47.7%的份额；英特尔2014全年总收入为559亿美元，同比增长6%；IBM公司2014年在云分析、移动、社交以及安全等方面实现强劲增长，达250亿美元。中国IT龙头企业阿里巴巴于2014年9月19日正式在纽交所挂牌上市，共筹集到250亿美元，创下有史以来规模最大的一桩IPO交易。韩国三星在2014年推出了Galaxy S5、Galaxy Note Edge和Galaxy Table S等系列产品。但受手机销售整体疲软的影响，三星收入和利润呈现双重下滑趋势。

第二章　2014年世界电子信息产业发展特点

第一节　技术研发投入持续增加，技术创新保持高度活跃态势

2014 年，全球信息技术创新热度不减，信息领域新技术、新产品、新服务、新应用、新业态不断涌现，信息产品在颠覆人们想象的同时也成为日益活跃的消费热点。科技公司持续大量的研发投入为技术的突破提供了坚实的保障。咨询公司 Strategy& 发布报告显示，2014 年全球研发领域投入前十名的公司有 8 名是科技类公司。其中三星在研发领域投入的费用高达 134 亿美元，占总营收的 6.4%，在全球科技公司中排名第一，所有行业综合排名位列第二，仅次于大众；英特尔研发投入 106 亿美元，占总收入的 20.1%，位列第三；微软研发投入 104 亿美元，占总收入的 13.4%，位列第四；谷歌研发投入 80 亿美元，占总收入的 13.3%，位列第九。而苹果并未进入前 20 强榜单，但是却连续第二年被评为全球最具创新性的公司。随着研发投入的持续增加，新产品、新技术也大量涌现。谷歌公司的无人驾驶汽车实现了安全行车 70 万公里，已从高速公路开上城市街头，新款已抛弃方向盘、油门和刹车踏板。IBM 宣布开发出一款仿人脑微芯片 TrueNorth，可在进行计算时模仿人脑结构和信息处理方式，虽然这类应用还受制于计算机硬件性能，但 TrueNorth 可能给包括云服务、智能手机、机器人、物联网、超级计算机等在内的多个领域带来革命。微软发布了一款基于 Windows 8.1 的 3D 打印免费应用软件——3D Builder，实现了 3D 打印的又一次革命：用户不需要拥有打印机，只要轻松设计，点击 Buy Print，将设计的 3D 模型发送给 3D Systems 公司的在线 3D 打印服务平台——Cubify 即可。除此之外敏捷机器人、智能并网发电、头戴式显示器、高度隐私智能手机等都为未来产业发展和人类生活提供了无限的

想象空间。目前全球正处于新技术、新业态、新模式快速孕育、融合的时代，人数据、云计算、物联网、移动互联网已经成为新一代信息技术发展的重要标志，这些技术的不断创新和优化，将成为推动全球电子信息产业快速发展的重要力量。

表 2-1　2012—2014 年全球入选研发 20 强的科技公司

排名	2014年		2013年		2012年	
	公司	研发费用（亿美元）	公司	研发费用（亿美元）	公司	研发费用（亿美元）
1	三星	134	三星	104	微软	90
2	英特尔	106	英特尔	101	三星	90
3	微软	104	微软	98	英特尔	84
4	谷歌	80	谷歌	68	诺基亚	78
5	亚马逊	66	IBM	63	IBM	63
6	IBM	62	诺基亚	61	思科	58
7	思科	59	索尼	57		

数据来源：Strategy&，赛迪智库整理，2015 年 3 月。

第二节　竞争方式更趋深化，生态竞争成为取胜关键

传统的产品竞争日益深化为产业链竞争、生态圈竞争。产业链竞争不但巩固了跨国巨头的发展主导权，同时也拉开了与其他企业在技术、市场、产业链各环节的差距。在一年一度的苹果开发者大会上苹果发布了新款操作系统 iOS8，内置的智能家居操作平台 HomeKit 和健康应用操作平台 HehKit 是最引人注目的亮点，此举一方面暗示着苹果将发力智能可穿戴设备和智能家居市场，更为重要的是强化手机作为控制中心的核心地位，苹果的智能家居生态圈已然形成。在 2014 年谷歌 I/O 开发者大会上谷歌发布了多款新产品，包括 Android One、Android Auto、Android Wear、Android TV、Google Cast，一口气横跨五项硬件装置产品领域。Google 将会透过这些硬件装置布局，进一步扩大其 Android 平台在不同装置与产业共生体系的影响力，而这背后代表的是 Google 生态体系的扩大。三星也通过强化 Tizen 操作系统逐步实现"去安卓"的目标，努力从硬件和操作系统两个方面打造自己的生态链。生态圈建设已经成为企业的布局重点，也将推动企业继续做大做强。

第三节　万物互联进入推动阶段，演化路径逐渐清晰

2014 年被业界普遍认为是万物互联元年。万物互联是一个比物联网更加广阔的概念，它是以移动应用为核心，将人和数据乃至万物互联互通。据 MachinaResearch 的数据显示，到 2020 年，全球预计将会有 250 亿部终端联网。2014 年受云计算、大数据的快速发展以及芯片价格下跌和无线通讯设备快速普及的影响，物联网发展架构已经日趋成熟，万物互联（Internet of Everything）已经进入实质推动阶段。包括智能手环、智能手表和智能眼镜在内的可穿戴设备，通过感知人类动作、身体、环境，甚至是心理状态，整合终端与平台数据为用户提供实时健康管理监控。智慧家庭已从概念向产业进行推进，家用联网环境日趋成熟，家庭智能化体系已经形成。车联网产业在 4G LTE 阶段快速发展，随着谷歌推出无人驾驶技术和苹果宣布推出车载系统 CarPlay，车联网产业快速推进。奔驰、法拉利和沃尔沃已经成为首批支持 CarPlay 的汽车企业。后续将会有更多品牌加入 CarPlay 的阵营。作为各类智慧应用承载媒介的智慧城市已从概念推广演进到实质建设阶段。云计算、大数据、移动互联、计算机通信等多种新一代技术在智慧城市领域集中发力，深度融合，有效地促进了城市的智慧化水平。2014 年众多国际龙头企业纷纷开始布局，英特尔推出了用于可穿戴设备的 Quartz 芯片和 Edison 芯片系统。英伟达（Nvidia）、高通（Qualcomm）以及大多数半导体公司都推出了与万物互联网络相关的新型处理器和服务产品。高通推出的移动芯片和无线电设备已经应用在数以百万计的智能手机和平板电脑中。在企业发力的同时主要国家也将物联网发展上升为国家战略。美国在积极布局智慧电网；中国"十二五"规划积极推进物联网建设；欧盟规划 i2010 社会经济蓝图；日本 i-Japan 规划物联网商业模式。由此看出，无论从国家层面亦或是企业层面物联网推进已经全面展开，万物互联演化路径逐渐清晰，产业推进将进入快速发展通道。

第四节　IT 业跨界融合趋势明显，传统巨头纷纷强占先机

投资领域，电子商务巨头企业纷纷进行跨境电商布局，eBay、亚马逊、阿里

巴巴等国际电商巨头成为跨境投资并购的主角。全球最大电商 eBay 联手英特尔公司将 1.337 亿美元的投资额注入印度电商 Snapdeal；国际电商巨头亚马逊斥资 2000 万美元投资中国生鲜电商美味七七；阿里巴巴集团以 1500 万美元投资美国 1stdibs 奢侈品网站。这意味着，面对投融资市场的机遇与挑战，巨头企业大手笔的合纵联横一方面会提高产业集中度，另一方面会重塑行业格局。

并购方面，Facebook 投资热情和并购行为不断持续，先后并购移动通信服务商 whatsapp 和虚拟现实技术厂商 Oculus VR，此外，其投资还涉及无人驾驶技术和人工智能领域；谷歌也通过跨界并购向人工智能和智能家居领域挺进；苹果公司则通过收购 Beats Music 流媒体音乐订阅服务供应商和 Beats 耳机生产商 Beats Electronics 来弥补 iOS 和 Mac 设备在音频硬件方面的空缺。从并购金额集中度来看，Facebook 的并购交易总额自 2012 年起至 2014 年 5 月共达 240 亿美元，而谷歌和阿里巴巴同期的主要交易金额也分别达到了 60 亿美元和 50 亿美元；从并购数量集中程度来看，自 2013 年下半年到 2014 年上半年，谷歌公司完成的并购交易数量达 36 起，雅虎完成的并购交易数量为 24 起，苹果和 Facebook 分别完成了 15 起和 9 起并购交易，微软和 Twitter 紧随其后，完成的并购交易数量分别为 8 起和 7 起。

表2-2　2014 年全球十大 IT 并购

序号	收购方	被购方	收购金额（亿美元）	并购领域
1	Facebook	WhatsApp	220	移动通信服务
2	甲骨文	Micros Systems	53	酒店行业应用服务
3	微软	诺基亚	42.2	移动手机
4	谷歌	Nest	32	智能家居
5	苹果	Beats	30	音频硬件
6	联想	摩托罗拉	29	智能手机
7	微软	Mojang	25	游戏开发
8	联想	IBMx86	23	服务器
9	Facebook	Oculus	20	虚拟现实技术
10	谷歌	Deepmind	5	人工智能

资料来源：赛迪智库整理，2015 年 3 月。

第五节　并购投资交易再创新高，中美领衔投融资热潮

2014 年，伴随着互联网和移动互联网的兴起，国内外电子信息企业并购重组行为集中爆发。从全球 IT 领域投融资规模来看，投资、并购、IPO 规模均创历史新高。投资方面，根据 Gartner 测算，2014 年全球 IT 产业投资金额约为 3.8 万亿美元，同比增长 3.6%。其中电信服务投资规模最大，达到 16550 亿美元，增长 1.3%；IT 服务投资规模 9640 亿美元，同比增长 4.6%；个人电脑、手机、平板电脑和 Ultramobile（超便携式设备）等 IT 终端设备市场投资规模达 6890 亿美元，同比增长 4.4%。并购方面，研究机构 Mergermarket 数据显示，2014 年仅第一季度，并购规模便已高达 1740 亿美元，成为 2006 年以来同期最高水平，较 2013 年同期增长 65%。这意味着，2014 年，在全球范围内的每五宗大型并购事件中，全球科技媒体通信行业会占到三个。另据 IT 数据咨询中心相关数据，2014 年全球科技企业的并购交易数量快速提升，同比增速高达 55%，创 2000 年以来的最高峰。IPO 方面，据普华永道统计，2014 年前三季度，全球共有 87 家科技企业上市，融资总额达 439 亿美元。其中，第二季度科技企业上市数量和筹资总额同比增长率分别达 153% 和 327%。到 9 月份，中国互联网巨头阿里巴巴于纽约证交所挂牌上市，成为美国历史上规模最大的 IPO，再度拉高 2014 年 IPO 筹资总额，使得 2014 年第三季度全球 IPO 市场融资总额高达 248 亿美元，融资金额再创新高。

美国和中国成为 2014 年全球电子信息产业投融资市场的"领跑者"。根据资本实验室统计数据显示，在 2014 年全球电子商务投资市场中，美国、中国、印度、英国、德国和意大利的投资数量位列全球 38 个国家和地区中的前六位。其中，美国和中国的投资数量分别为 254 起和 185 起，占据全球电子商务投资交易数量的 35% 和 26%；从交易额来看，中国电子商务投资交易金额位居全球首位。从 IPO 融资情况来看，根据财说统计数据显示，2014 年全球各地区募资金额最多的是北美地区，其 IPO 募集额占全球比重的 38.5%，达到 789 亿美元，同比增速为 53.61%。在电子信息领域，中国企业 IPO 成为全球瞩目的焦点。普华永道数据显示，2014 年第三季度全球共有 18 家科技企业上市，中国企业占一半以上，并有七家企业位列前十；除此之外，欧洲有四家科技企业上市，美国和大洋洲各有两

家。从募资金额来看，中国更是占到了全球科技企业融资总额的 93%。

第六节　国际知识产权竞争激烈，企业专利大战引发关注

随着移动智能终端产业进入成熟期，全球电子信息产业高速发展的步伐即将放缓，产业和产品间的竞争日趋激烈，知识产权成为企业——特别是巨型企业之间相互制衡甚至是打压对方的主要方式之一。根据由多家 IT 公司联合成立的专利组织 Unified Patents 发布的研究报告显示，2014 年全球专利诉讼案件数目达5002 项，相比 2013 年的 6030 起减少 17%。其中，涉及硬件、软件以及网络公司的诉讼案件比例高达 63%。此外，在高科技领域，超过 80% 的诉讼是由营业收入主要依靠专利授权的企业提起的，而这些企业在医疗健康和其他领域提起的诉讼比例仅为 18% 和 27%。

虽然 2014 年全球知识产权诉讼案例数目有所下降，但苹果、谷歌等 IT 企业依旧是专利诉讼的主要对象，且苹果公司与三星公司关于智能手机的专利大战引起了全球的广泛关注。2014 年 4 月，苹果公司首先声称三星热销的 Galaxy 系列移动产品抄袭了 iPhone 和 iPad 的设计，存在不正当竞争行为，涉嫌侵犯其商标权和其他十项专利权，因而在美国提起诉讼。随后，苹果公司又在德国、荷兰、日本、澳大利亚等数国起诉三星智能手机和平板电脑侵犯其专利权，要求三星停止销售相关产品。在此情形下，三星在澳大利亚声称苹果的移动设备同样侵犯其七项专利，因而提起专利诉讼。9 月，三星在德国提交"撤销停止三星销售Galaxy 系列平板电脑的禁令"的诉讼申请。同时，三星方面表示苹果发难三星的原因在于三星 Galaxy 系列产品的热销挤占了苹果在全球的市场份额。苹果和三星的专利大战一方面凸显了知识产权的重要性，另一方面说明以专利争夺为核心的企业竞争进一步加剧。

第七节　贸易摩擦不断升级，高科技产品成为摩擦焦点

在全球经济低迷，贸易保护主义升温的背景下，国际间贸易摩擦也不断增加。发达经济体开始通过立法或政策推进的形式保护本国电子信息企业，扩充 IT 相

关产业的就业容纳力度，从而推进本国电子信息产业发展，提振经济。一些发达国家还通过加强贸易执法力度使针对发展中国家和新兴国家的裁决更加严苛，其中部分贸易救济政策和贸易救济调查明显指向中国电子信息产品。据商务部统计，2014 年对中国出口产品发起调查的共有 22 个国家和地区，涉及反倾销调查和反补贴调查分别为 61 起和 14 起，涉及保障措施调查为 22 起，涉案金额共计 104.9 亿美元，此外，中国产品遭受美国"337"调查 12 起，欧盟发起的反规避调查和反吸收调查各 1 起。光伏、手机等高科技产品成为贸易摩擦新热点。

在光伏产业方面，首先是美国开年再次对中国晶体硅光伏产品发起的"双反"调查，此次调查范围扩大到中国台湾地区，之后，美国光伏"双反"初裁税率出台后，不但税率明显提高，而且堵住了我国通过购买台湾地区电池片生产电池组件进行避税的漏洞；在此期间，印度同时也对我国及台湾地区进行了反倾销终裁。其次是欧盟市场出口所占比重下降明显。2012 年，欧盟占我国光伏产品出口的比重超过 2/3，2013 年这一比例下降到 1/3 左右，而 2014 年初该比重继续下降至 22.6%。欧盟已经成为中国光伏产品出口的第三大市场，排在日本和非洲之后。三是澳大利亚决定对自中国进口的光伏组件和面板发起反倾销调查，加拿大开始对来自中国的晶硅光伏组件和层压件产品进行正式的"双反"调查，这些都将对我国光伏产品出口造成较大负面影响。在平板显示产业方面，首先是面对国产电视面板占世界市场份额的比重不断提升，竞争对手之间通过产品价格、标准制定、专利战、能效和环境评估等各类非关税壁垒途径打压国内企业的方式不断增加。其次是在中韩自贸区建设和 ITA 扩围的背景之下，面板演变成为韩国和中国台湾地区之间谈判的筹码，对于产业发展会产生不利影响。智能终端领域，一是美国对中兴通讯等在美销售的手机和平板电脑发起"337 调查"；二是小米、一加手机由于专利问题在印度被禁售。

第八节　信息安全事故集中爆发，信息安全形势更加错综复杂

随着信息技术的快速发展，互联网对各行各业实现了全面渗透。人们在享受科技带来的便利的同时，信息安全事故频发，不但严重影响人类生活、企业经营，甚至威胁到国家安全。2014 年的信息安全形势尤其严峻。据国际反病毒软件评测机构 AV-Test 报告显示，2014 年恶意软件感染较 2013 年增加了近 72%，

飙升至1.43亿例。另据统计，2014年安卓平台上的安全威胁数量从2013年的140万个增长到400万个。2014年4月出现在开源加密库OpenSSL的又称心脏出血（Heartbleed）的程序漏洞引起IT行业的普遍恐慌。通过这一漏洞，黑客可以读取到包括用户名、密码和信用卡号等隐私信息在内的敏感数据，大量互联网公司受到波及，受影响的服务器多达几十万。在韩国，由于个人信用评估公司内部员工的监守自盗导致至少有2000万人的信用卡信息被盗，这是韩国历史上最严重的信息泄露事件。一向以自身设备和服务的安全而自豪的苹果公司的iCloud服务被黑客攻破，造成数百家喻户晓的名人私密照片被盗。2014年10月2日，摩根大通银行承认8300万相关信息被泄露。众所周知，摩根大通每年都会投入2.5亿美元资金用于构建顶级安全的网络系统。但其服务器遭黑客入侵之后的数月摩根大通都毫无察觉。2014年11月22日，由于受到自称"和平卫士"的黑客攻击，美国索尼影视娱乐公司系统被迫关闭。此次攻击造成包括索尼的公司计划、产品情况、员工信息、索尼高层往来邮件、名人电子邮件在内的大量内部敏感信息泄露，甚至包括索尼影视未发布的几部影片都被公布到网上供网民下载。2014年11月底互联网域名管理机构ICANN连续遭到黑客的钓鱼式攻击，攻击采用模拟本机构内部域名的方式向员工发送电子邮件以此达到欺骗员工的目的，结果导致ICANN众多员工的电邮身份信息被盗取。这些触目惊心的案例实际只是冰山一角，未来黑客攻击的脚步绝不会停止，黑客攻击技术也在不断创新，从原来的单兵作战和无目的的攻击转为有目的、有针对性的破坏，并且已经形成了以攻击者为核心的经济产业链。目前，信息网络犯罪已经达到了一个前所未有的程度，违法犯罪手段和工具也更趋于隐蔽化、多样化、复杂化，并且破坏性日益严重。而这种情况已经成为一种常态，未来网络空间安全形势会异常错综复杂。

热 点 篇

第三章　2014年世界电子信息产业热点事件

第一节　三星、LG宣布退出等离子电视市场

一、事件背景

2014年3月松下公司全部终止了家用等离子电视机和等离子电子黑板产品业务；2014年7月1日，三星电子宣布将在2014年内停止旗下等离子面板的生产。2014年8月LG官方正式确认等离子电视业务暂停，并与2014年11月月底前全面停产等离子电视。2014年11月2日四川长虹集团宣布拟以协议转让的方式向绵阳达坤投资有限公司转让四川虹欧显示器件有限公司61.48%的股权。此举标志着全球最后坚守等离子电视的长虹也最终退出等离子电视市场。数据显示，2013年等离子电视全球市场占有率仅为4.5%，预计2014年等离子电视市场份额会进一步缩减到2.2%左右，销量只有上一年的一半。对于庞大的电视市场而言，等离子电视的市场份额几乎可以忽略不计。等离子电视在2014年退出历史舞台已成事实。

表3-1　等离子电视阵营厂商宣布退出时间表

退出时间	等离子电视生产厂商
2005年	东芝宣布退出等离子阵营。
2005年2月	富士通宣布退出等离子阵营。
2007年9月	飞利浦宣布退出等离子阵营，并且在2009年完全退出。
2008年3月	先锋退出等离子面板制造，2009年3月完全退出。
2012年2月	日立宣布正式退出。
2013年11月	等离子阵营的中流砥柱松下宣布停产等离子面板及电视机，并将于2014年3月停止所有等离子业务。

（续表）

退出时间	等离子电视生产厂商
2014年7月1日	三星电子宣布将在2014年11月30日之后停止生产等离子电视机。
2014年8月	LG电子宣布彻底退出等离子电视业务。
2014年11月2日	四川长虹转让旗下负责等离子电视业务的四川虹欧。

数据来源：赛迪智库整理，2015年3月。

二、事件评析

等离子电视通过在两张超薄的玻璃板之间注入混合气体，并施加电压利用荧光粉发光成像。具有屏幕大、超薄、分辨率高、色彩丰富、鲜艳等优点。从技术层面看，等离子电视与目前的液晶电视相比并不占下风，甚至在画质方面的表现要更好：等离子电视暗场表现能力更强，一些图像的细节可以很好的还原，而液晶电视只能以灰度呈现，让图像失去了立体感和层次感；此外，等离子不存在拖尾的情况，相比液晶电视，高速动态的画面更加清晰稳定。但技术上拥有诸多优点的等离子电视在市场上却一直表现平平，等离子面板成本高昂的问题一直没有得到有效解决。市场价格的居高不下让市场逐渐失去了对其的期待，生产等离子电视的诸多厂商也深陷亏损的泥潭。于是出现了主流厂商陆续宣布退出市场的惨淡结局。

等离子电视的市场失败主要原因是厂商自我封闭所引发的市场竞争格局的改变。虽然技术优势是市场竞争的制胜关键，但拥有技术优势并不代表就能赢得市场的青睐。特斯拉和爱迪生关于供电系统的竞争，通讯行业中的CDMA与GSM的竞争以及目前等离子电视的退出都恰恰印证了这个道理。因为市场的选择并非完全由技术领先程度决定，产业链的全面发展才是持续保持竞争优势的关键所在。在等离子发展的初期阶段，松下、三星、LG、日立、先锋等个别厂商牢牢把握住等离子电视生产的关键技术及上游的等离子面板制造资源，他们希望凭借技术领先优势奠定自己的垄断地位，在技术上奉行严格保密原则，不向其他厂商开放整个产业链，使得后期跟进的厂商无法获得更好的上游资源，于是选择知难而退、另立阵营，转而投资液晶技术，展开与等离子电视针锋相对。而且液晶产业采取的是与等离子电视封闭发展完全相反的战略，采取的是比较开放的心态，技术可以共享，这样加入液晶阵营的企业越来越多。在液晶电视领域，随着资本的大举进入，关键技术取得突破，液晶电视在清晰度、色彩饱和度、响应时间、对比度等方面都有了极大的改进。当4K液晶电视开始普及时，等离子电视却还没有支持4K的产品。随着液晶电视价格逐渐亲民，液晶电视迅速抢占市场成为主流产品，而固步自封的等离子电视的结局已然十分明显。另一方面液晶面板可以在手机、电视、电脑显示器和平板电脑上使用，拥有非常广阔的用户基础。而等离子电视技术却无法应用于小型化设备上，这也是促使等离子电视快速消亡的重要原因。

等离子电视的失败对未来显示技术的发展也带来了重要启示。一项新的技术要实现快速普及和产业化发展，技术的领先只是一个方面，而最为重要的是要打造完整、强大的行业生态体系。只有保持积极开放的心态，允许竞争对手参与进来，用合作心态建立产业发展联盟，联合进行技术攻关，才能在短时间内突破技术瓶颈，通过市场占有率的快速提升促使价格下降，而巨大的市场需求又反过来促使厂商继续扩大投资，如此才能够构建良性的市场竞争机制。目前被业界普遍认为是下一代电视显示技术的OLED也出现了与等离子电视发展初期相似的情况。该技术被LG旗下面板公司LGD以及三星两家韩企所掌控。但由于产能效率低而且生产成本无法大幅下降，目前三星宣布已经放弃了生产下一代OLED电视显示屏的投资计划，未来公司的战略重点将转向量子点技术。目前只有LG仍然坚守OLED技术。如果LG采取等离子发展初期的技术封闭战略，那OLED电视有可能重蹈等离子电视覆辙。适当开放，吸引更多厂商进入，构建开放产业联盟对于OLED电视未来发展至关重要。

第二节　苹果与IBM在企业级移动应用领域合作

一、事件背景

2014年7月15日，苹果公司和IBM达成合作协议，共同推进企业级移动市场转型。两大龙头企业的结盟，不仅给双方带来新的发展机会，也给全球电子信息产业格局带来巨大影响。

此次双方合作的重点领域主要集中在：第一，针对特定行业需求的新型企业级解决方案，涵盖零售、医疗保健、银行、旅游和交通运输、电信和保险等100多种新型的企业解决方案。第二，针对iOS特定优化的IBM云服务平台。该服务平台能够提供端对端企业级服务，覆盖从分析、工作流程、云存储到大规模设备管理、安全等各个领域。第三，针对终端用户的新支持。新的AppleCare服务和支持产品，为企业 IT 部门和终端用户提供 24 小时 ×365 天的帮助支持。第四，针对 iPhone 和 iPad 用户的新服务：由 IBM 打包提供服务，为 iPhone 和 iPad 用户提供从设备激活到供应和管理等全方位的支持。

二、事件评析

苹果与 IBM 的合作显示了信息产业加速融合的新态势。

第一，企业级应用与移动互联网的加速融合。企业级应用具有涉及范围广、应用需求旺、市场规模大等特点，曾支撑了 IBM、甲骨文、SAP 等一批国际龙头企业的崛起。随着移动互联网和移动智能终端的普及，办公方式从固定向移动拓展，企业级应用的移动化已成大势所趋。另一方面，移动互联网是当前发展最迅速、前景最广阔的新兴领域。但要想在此领域获得更加可观的收入和赢利，就必须充分挖掘和把握企业级应用需求中蕴含的巨大商机，实现移动互联应用向企业应用方向的延展。近几年，企业级移动应用逐渐受到重视。美国航空、联合航空等众多大型企业，乃至美国空军、陆军都已使用专门的企业级移动应用软件，三星已推出企业用户 App 商店。此次苹果和 IBM 将推进企业级移动市场转型列为首要合作内容，以苹果的近 2000 万软件开发者、120 万个 App 应用和 IBM 在企业级应用市场数十年的耕耘经验为基础，针对特定行业需求定制新型企业级解决方案，将推动企业级应用与移动互联网的加速融合。

第二，云计算与智能移动终端的紧密融合。虽然"云端融合"发展已成为许多信息技术企业的共识，但如何真正实现二者的相互促进，仍未完全破题。苹果和 IBM 合作有望为此提供宝贵示范。首先，针对 iOS 系统特性和大规模企业级移动应用需求进行优化，能够使 IBM 的云服务更有针对性，服务种类更加丰富、服务质量不断提升，使云计算平台的优势进一步巩固。其次，以先进的云计算平台及服务为支撑，能提升 iPad、iPhone 等设备的可用性，进而刺激用户对更高性能智能终端设备的需求。再者，以苹果设备和 IBM 云服务的大规模使用为基础，能够收集掌握更多、更详细、更多样的数据资源，进而发挥 IBM 的大数据及分析能力，为二者的企业级用户及个人消费用户提供先进的决策辅助服务，提升业务附加值。可见，云与端的协同，能催生许多新的业务形态，但只有像苹果与 IBM 一样，进行以服务、数据为基础的云与端紧密融合，才能创造并掌握更具潜力的发展空间。

第三，互联网企业与系统集成企业的互补融合。技术先进、反应迅速等优势，以及其先天具有的对互联网上信息资源的较强的收集、整理、处理和应用能力，使苹果公司等众多互联网企业得以快速发展。同时，以 IBM 为代表的系统集成企业仍在继续前进。这是因为，优秀的系统集成企业拥有丰富的项目经验、对行业知识的深入认知、系统的全局规划能力，使其成为经济社会信息化建设不可或缺的重要因素。"智慧地球"理念之所以能由 IBM 提出，其原因即在于此。正由于各具特点和优势，互联网企业与系统集成企业存在显著的互补性。目前的大多数龙头互联网企业是面向消费领域的，若要向行业领域发展，就需要增强系统集成能力。而对于系统集成企业而言，要想在互联网引发的数据爆炸浪潮中继续掌握优势，就需要加强对互联网信息的收集应用能力。由于企业基因不同，二者很难相互转化。在此情势下，互补融合就成为必然。也只有加强两类企业的互补融合，才能使智慧地球和大数据应用等成为现实。

第四，产业生态体系间的强强融合。目前产业竞争已从产品竞争、企业竞争演进到产业生态体系竞争，仅靠产品本身或企业自身很难取得市场竞争优势，谁能率先构建完整的产业生态体系，才能把握胜出的先机。但另一方面，在信息产业领域，一些龙头企业已经构建起自己的生态系统并拥有独特的竞争优势，互相之间的攻守已经变得极难。在难以通过竞争"制敌"的背景下，不同产业或不同产业领域的产业生态体系的合作就成为建立更强竞争优势的新途径。苹果拥有"智能终端＋内容分发渠道＋应用软件与数字内容服务"的生态体系，IBM 拥有"问题分析＋战略规划＋方案设计＋关键软硬件产品开发＋项目实施"的生态体系，是各自领域的王者。通过加强合作，能进一步增强两家企业对产业相关领域的影响力和掌控度，而合作协议的排他性，更能对苹果或 IBM 在各自领域的对手带来冲击。

第三节　谷歌收购 Nest

一、事件背景

2014 年 1 月 13 日，谷歌以 32 亿美元收购智能温控器厂商 Nest Labs。通过收购 Nest，谷歌开始对智能家居领域进行全面布局。Nest 将成为谷歌智能家居生态系统的主控中心，通过开放 API 接口，允许第三方开发者创建的软件、硬件以及服务和自动调温器连接在一起，从而实现对家居产品的智能化控制。

二、事件评析

成立于 2011 年的 Nest 公司，是由"iPod 之父"托尼·法代尔创办。公司推出的首款产品 Nest 恒温器具有数字感知能力，拥有出色的用户界面和大量的传感器，支持 Wi-Fi 网络连接，能够主动学习用户的使用习惯。Nest 恒温器的推出使得数十年鲜有变化的家居市场发生了彻底改变，也标志着量化世界的"物联网"市场的开始。谷歌对 Nest 的收购明确彰显了其抢占智能家居高地的智慧和决心，同时也与公司的长远发展目标不谋而合。

（一）有助于搭建开放的智能家居平台

智能家居将成为全球电子信息行业的新的爆发点，具有非常广阔的市场空间。市场调研机构 Jupiter Research 预测，全球智能家居市场将从 2012 年的 250 亿美元左右发展到 2017 年的 600 亿美元。IDC 预测到 2016 年全球智能家居规模将达到万亿美元以上。与智能手机 iOS、Android、WP 三大平台一统天下局面不同的是，在智能家居领域只有一些零碎分散的解决方案，缺乏统一的硬件标准和 API 接口，大多厂商都各自为战，各种硬件无法通过统一的中央控制系统进行统一管理和控制。在智能家居领域，苹果自身的封闭性决定了其无法建立开放的智能家居平台，但其他厂商也缺乏足够的能力去推动这一平台和标准。而谷歌收购 Nest 后，能够通过 Nest Labs 搜集用户家庭活动数据，从而成为家居产品的大数据节点和控制中心。而且 Nest Labs 已经开放了 API（应用程序接口），任何开发者都可以利用它的突变规则表和算法，把更多家用电器与 Nest Labs 的产品联通。不难想象，在谷歌的运作下，Nest Labs 完全有实力成为"家居控制器"。谷歌已经通过收购成功布局智能家居领域，并且已经确立了其在智能家居标准和平台建设上的领先地位。

（二）有助于招徕人才推进软硬件结合战略

谷歌收购 Nest Labs，除了看中它的理念和技术外，还包括它的人才。Nest Labs 的创立者托尼·法代尔和马特·罗杰斯均曾经在苹果公司效力。这两位硬件高手的加盟，对于谷歌提升硬件产品用户体验的追求助力不少。从 2011 年收购摩托罗拉移动起，谷歌的软硬结合、互相推动的思路已然确立。但其后谷歌发布的一系列产品中除了惊世骇俗的 Google Glass 智能眼镜外，其他产品如 Nexus 手机和平板电脑、Chromebook 上网本、Chromecast 电视棒等都显得不够"高端大气"。但 Nest Labs 团队的加盟有望改变这一现状。两位创始人的苹果背景，对提升谷歌的硬件制造理念和制造水平都将有极大帮助，也有助于继续推进谷歌的软硬件结合战略。

（三）有助于保护环境愿景的继续推进

谷歌收购 Nest Labs 除了抢占智能家居市场这个商业目的之外，还与谷歌公益项目 Google Green 的长期愿景不谋而合。在 Google Green 网站上，罗列着谷歌在环境资源保护领域做出的贡献，其中包括太阳能、风能发电，以及更高效的输电线路等。谷歌已在这些项目上投入逾 10 亿美元。当然，谷歌节约能源的努力并非仅仅出于公益目的，它在很早之前就看到了用科技手段解决能源问题的商机。2011 年 6 月，谷歌发布一份题为《清洁技术创新对美国能源系统和经济的影响》的报告，指出清洁能源技术的突破可以刺激美国经济每年增长 1550 亿美元，到 2030 年可以创造超过 110 万个就业机会。随后，谷歌开始通过 Google Green 和 Google Ventures 大举投资，提前布局。而 Nest Labs 的产品和技术能够减少能源消耗，这与谷歌的发展战略不谋而合，同时也是新型商业模式的昂贵探索。

第四节　谷歌宣布完成第一辆全功能无人驾驶汽车原型

一、事件背景

2014 年 12 月，谷歌公司宣布完成第一辆无人驾驶汽车原型 Google Driverless Car，这是谷歌公司 Google X 实验室研发的首辆全功能无人驾驶汽车，不需要驾驶者就能启动、行驶以及停止。这些车辆使用照相机、激光测距机和雷达感应器来探测交通状况，并且使用详细地图进行道路导航。谷歌称，这些车辆比有人驾驶汽车更安全，因为它们能更迅速、更有效地作出反应。这距离 2010 年谷歌首次宣布开发无人驾驶汽车已经过去了五年时间。早在 2012 年 4 月 1 日，Google 便展示了使用自动驾驶技术的赛车。2012 年 5 月 8 日，美国机动车驾驶管理处为 Google 的无人驾驶汽车颁发了一张合法车牌。

二、事件评析

自从谷歌开始无人驾驶汽车项目，业界就很感兴趣。在人工智能方面，其他厂商与谷歌相差甚远，谷歌的人工智能水平已经接近实用，其他厂商还在表演阶段。

从有人驾驶到无人驾驶，业界分成四个阶段：

第一阶段是驾驶员辅助。驾驶员辅助系统能为驾驶员在驾驶时提供必要的信息采集，在关键时候，给予清晰的、精确的警告，相关技术有车道偏离警告、正面碰撞警告和盲点报警系统。

第二阶段是半自动驾驶。驾驶员在得到警告后，仍然没能采取相应措施时，半自动系统能让汽车自动做出相应反应。相关技术有紧急自动刹车、紧急车道辅助。

第三阶段是高度自动驾驶。该系统能在驾驶员监控的情况下，让汽车提供长时间或短时间的自动控制行驶，这个阶段目前还比较初级。

第四阶段是完全自动驾驶。在无需驾驶员监控的情况下，汽车可以完全实现自动驾驶，意味着驾驶员可以在车上从事其他活动，如上网办公、娱乐或者休息。

按照以上分类，第一阶段已经基本普及；第二个阶段正在普及，欧盟立法要求 2013 年 11 月前的车都必须装上紧急自动刹车；第三个阶段目前有雏形，新款的奔驰 S 系可以在堵车的情况下，电脑自己跟车，车主不必一直操控车辆，包括中国在内的一些厂商也在做相关的试验与探索；第四阶段则是谷歌一直在努力的目标，经过了长时间的测试，成熟度已经很高，是最贴近实用的无人驾驶汽车。

当无人驾驶普及后，会衍生出一些新的功能和产业。因为无人驾驶普及的同时，意味着每辆车都有了一个高性能的车机，通过未来的 5G 网络，它们之间可以通讯，可以与城市管理中心通讯，甚至可以与路面的传感器通讯。人们可以像管理高铁一样管理汽车，交通事故成为历史名词。当车机与餐馆、酒店、加油站、充电桩的通信建立以后，汽车可以自动去加油、充电，把车主带到餐厅、酒店。当车机与手机、平板、电脑联通后，就可以随时实地向汽车发出指令，实现更高级的功能。

从目前来看，无人驾驶汽车也引发诸多争议，主要集中在以下几个方面：

一是交通事故责任难理清。假设谷歌无人驾驶汽车出了车祸，造成了严重的后果，很难明确是由车主、谷歌，还是驱动汽车的算法、感应器以及所有控制系统来负责交通事故。现有的法律系统未能跟上现代社会、企业或机器人发展的步伐，根本给不出明确的答案。

二是黑客入侵防不胜防。机器视觉，也就是汽车识别物体并做出正确做法的能力，是无人驾驶汽车最关键的技术。但就像其他智能设备一样，机器视觉需要靠一系列程序、算法来推动，如果这套程序被黑客篡改、入侵、盗取，黑客就可能劫持车辆，进行远程操纵，将其用于犯罪目的，甚至将其作为武器使用。美国联邦调查局直接将被黑客控制的无人驾驶汽车归入"致命武器"。

三是开发出来却不能正式上路行驶。2014年5月，加州机动车管理局正式批准从2014年9月16开始，无人驾驶汽车可以在公路上进行测试。虽然很多公司的无人驾驶汽车都已经开启测试，包括谷歌无人驾驶汽车已经安全运行70万英里，但显然其需要面临的测试还有很多，例如无人驾驶汽车还没有在路面积雪的情况下驾驶，也无法在暴雨天保证自动驾驶的安全。出台一套通用的无人驾驶汽车检测标准和上路方案难度极大。对于政府部门而言，无论是制定稳定性测试、安全测试甚至电路系统测试标准，都带有极大的挑战。

无人驾驶汽车需要更快速的信息处理，更安全的路况，更遵守交通规则的行人。技术长远改变人类生活的同时，特定技术对现实生活的影响亦不容忽视。

第五节　谷歌启动智慧医疗健康大数据疾病预防项目

一、事件背景

2014年7月，谷歌启动名为 Baseline Study 的全新科研项目，希望全面描绘健康人的身体究竟应该是何模样，以帮助研究人员更早地发现心脏病和癌症的各种迹象，进而推广预防措施，而不仅仅把精力放在治疗上。谷歌将从175人那里匿名搜集基因和分子信息，之后还会再搜集数千人的相关数据。该项目目前还处于发展初期，由50岁的分子生物学家安德鲁·康纳德负责。他曾经开创了便于广泛开展且成本低廉的 HIV 测试方式，用于对捐赠的血浆进行检测。康纳德2013年3月加盟 Google X，已经组建了一个由70至100人组成的团队，涵盖的领域包括生理学、生物化学、光学、成像学和分子生物学。虽然目前还有很多大型的医疗和基因研究项目存在，但 Baseline Study 搜集的信息数量更大，范围更广。

二、事件评析

大数据的浪潮已经悄然降临。近年来很多国家都在积极推进医疗信息化发展，使得很多医疗机构有资金来做大数据分析。政府部门、医疗机构、公司企业、医务人员，都应做好充分的准备，迎接大数据时代的到来。医疗、银行、电信、保险等行业一起首先迈入大数据时代。目前，医疗大数据向人类展示了非常广阔的应用前景。传统医学是小数据的判断和决策，正确率很难保证，完全依靠医生的经验和能力。以前基于统计学意义的诊断，今后将被基于个性化的大数据的诊断所代替。值得关注的是大数据在三个方面的应用，一是临床决策支持让误诊误治大幅减少，二是远程监控诊疗可以提高家庭护理质量，三是公共卫生监管可以快速检测传染病等。

资本对大数据的争夺战已经开始，搜索巨头百度的探索与应用值得参考。一是百度打造"软硬云"结合的智能健康医疗移动平台，记录下人们日常生活方式，比如每天的运动量和运动时间、睡眠量、久坐时间、身高、血压等，这些被量化的数据具备了长时性和趋势化，都会成为病情分析的重要依据。二是百度发布大数据引擎，将开放云、数据工厂、百度大脑三大组件在内的核心大数据对外开放，实现对各行各业的数据进行挖掘，利用"数据工厂"和"百度大脑"分析数据，输出分析为自己和合作伙伴提供解决方案。2014年2月，北京市卫计委表示，卫生系统将把所拥有的医疗卫生机构的资质信息、资源的准入信息与百度强大的网络搜索能力、后台信息甄别和过滤技术进行联合，以在公共突发事件、流行性疾病爆发、健康服务业发展、人口流动等领域提供分析和预警，为科学决策做依据。

医疗行业面临着海量数据和非结构化数据的挑战。尽管医疗大数据面临不少困难，但大数据分析能够产生巨大的商业价值，广阔的市场前景是毋庸置疑的。麦肯锡在报告中曾指出，排除体制障碍，大数据分析每年可以帮助美国医疗服务业创造3000亿美元的附加价值。

医疗大数据的发展给医疗研究和居民健康带来了极大便利，但在享用医疗大数据带来便利的同时，必须考虑随之而来的一系列隐私保护问题。当前我国缺少针对大数据应用的相关隐私规定，法律法规滞后于先进技术的发展。美国在2000年由卫生和福利部制定了《个人可识别健康信息的隐私标准》，建立了一套完整的医疗隐私保护体系。我国在这方面的法律政策还比较欠缺。随着医疗数据采集、加工和应用，不可避免会发生泄露的情况。在医院内部业务流程中有多个节点可以对数据进行访问，造成医院内部信息系统中的隐私泄露，在信息平台传递过程中，包括科学研究过程和区域性平台数据交互过程等也可能发生隐私的泄露。数据的泄露会危及患者个人隐私，可能带来一系列推销、诈骗等问题。这些数据今后将为保险公司带来巨大的价值，他们一直以来都希望通过各类信息降低风险。除此之外，还有人可能会在招聘和结婚时参考相关数据。

第六节　石墨烯产业化渐行渐近

一、事件背景

2014年，根据美国环保局公布的信息，特斯拉广受好评的 Model S 电动汽车一次充电可以行驶 265 英里。特斯拉 CEO 伊隆·马斯克在接受媒体采访时表示，"一次充电行驶 500 英里也是有可能的，而且我们很快就能做到这一点"。特斯拉将推出一次充电即可行驶 500 英里的电动汽车，因为高性能石墨烯电池的研发取得了不错的进展，而这种电池的输出密度是锂离子电池的四倍。尽管特斯拉实现这种高性能石墨烯电池的量产可能需要数年时间，但是只要能够做出高性能石墨烯电池，电动汽车便无可挑剔。这也意味着，电动汽车离成为主流更近了一步。随着特斯拉石墨烯电池研发取得较大进展，成本与充电时间大幅下降，越来越多公司想挤进石墨烯行业。

二、事件评析

随着特斯拉电池技术的革新，市场对提升锂电池能量密度材料日益关注。2015年将成为中国石墨烯产业爆发的元年，以石墨烯为添加剂的锂电池有望最早实现产业化生产，伴随着电动汽车的蓬勃发展，预计石墨烯锂电池产品的商业化应用将在中国带动 100 亿元的产业链。

石墨烯具有高导电性、高韧度、高强度、超大比表面积等特点，其在半导体、光伏、锂电池、航天、军工、LED、触控屏等众多领域皆可以广泛应用。未来下游应用市场有望达到万亿元级别，预计最先应用于太阳能透明电极、散热材料和触控屏等领域。近几年随着智能手机和平板电脑的大规模普及，全球触控屏需求量也随之大幅增加。数据显示，2013 年全球电子设备触控屏总面积同比增长两倍，达到 2550 万平方米。预计到 2015 年，触控屏生产面积将达到 3590 万平方米。触控屏成为石墨烯未来应用的一大热点。石墨烯触控屏研究处于前列的国家有美国、英国、日本和韩国。目前开始产业化的公司有三星、索尼、二维碳素、Cambrios Tec 以及 3M 等。日本东丽、东芝、索尼产研和信越化学、三星等厂商在石墨烯研究方面进展迅速。

石墨烯目前处于产业化攻坚阶段，产业化的关键和难点是材料的制备、转移技术和上下游产业链整合，在技术、工艺和产业链对接方面需要投入大量资源。美国、英国、日本和韩国等国家的产业化开发处于相对前列。2013 年 7 月，在中国产学研合作促进会的支持下，多家机构发起中国石墨烯产业技术创新战略联盟，目前中国石墨烯产业联盟已经在无锡、青岛、深圳和宁波建立了 4 个产业创新基地。目前中国石墨烯产业化应用主要集中在原材料产业。具体来说，向原有材料中添加石墨烯粉体，提升原有材料性能，如用于制作锂离子动力电池产品以及石墨烯防腐涂料等。在光伏、微芯片等高端产业，还存在着由于技术门槛高、投入资金巨大、应用企业合作等问题，目前多数处于实验室阶段和计划阶段，无法实现产业化生产。近十年，国家自然科学基金委资助了大量有关石墨烯的基础研究项目，造就了一大批实验室成果，民间资本对实验成果的投资和产业化开发加速了中国石墨烯产业前进的步伐。目前，国家层面开始关注到石墨烯应用已从最初的概念化转变为产业化，并逐步加码针对该产业的政策支持。同时，工信部等部门在加紧研究"十三五"新材料规划，石墨烯有望入选该规划。工信部在《2015年原材料工业转型发展工作要点》中指出，在推动战略新材料领域健康发展中，要制定石墨烯等专项行动计划等。科技部的 863 计划纳米材料专项将石墨烯研发作为一个重点的支持内容。利好消息和政策将不断释放。

技术问题是石墨烯商业化应用的主要制约因素。低成本和高效率地制备大面积、高质量石墨烯，并快速高效转移至下游需求领域，是石墨烯大规模商业化应用主要致力的方向。我国当前石墨烯基础研究成绩突出。2007—2013 年间，中国国家自然科学基金会关于石墨烯的资助项目达到了 1096 项，特别是 2012—2013 年间，有关石墨烯的项目急剧增加。重点项目包括新兴碳基复合材料、可见光响应的新型石墨烯、纳米复合材料光催化处理有机污染物、钛酸锂 – 石墨烯负极材料可控及电化学性能研究、高效石墨烯 / 半导体纳米结构异质节研究等。根据中国知识产权网数据，截至 2014 年 7 月，中国有关石墨烯专利申请数量处于世界首位。从专利保护区域分布来看，美国、日本、韩国等在世界其他主要国家都对其石墨烯专利申请了专利保护。而我国虽然在专利申请数量上具有优势，但基本上以国内申请为主，很少有对石墨烯专利的国外保护。

IBM 公司研制出首款由石墨烯圆片制成的集成电路，这项突破可能预示着未来有望采用石墨烯圆片来替代硅晶片。石墨烯圆片集成电路建立在一块碳化硅上，

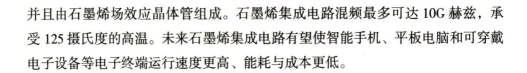

并且由石墨烯场效应晶体管组成。石墨烯集成电路混频最多可达 10G 赫兹，承受 125 摄氏度的高温。未来石墨烯集成电路有望使智能手机、平板电脑和可穿戴电子设备等电子终端运行速度更高、能耗与成本更低。

第七节　IBM 放弃 x86

一、事件背景

2014 年 1 月 23 日，联想正式宣布将以 23 亿美元收购 IBM 旗下 x86 服务器业务，IBM 保留 System z 大型机（System z mainframes）、Power Systems、存储系统、基于 Power 架构的 Flex 服务器、PureApplication 应用平台以及 PureData 设备。这笔交易令业界哗然，因为 x86 毫无疑问是市场主流，IBM 却选择了放弃。2014 年 4 月，IBM 为主机举办了 50 年周年庆典，在这个重要的时间节点上，IBM 公布了全新的主机战略，即"现代化主机"战略，赋予主机新的使命。IBM 表示，将继续加强大型主机的生态系统建设，并且加大技术创新力度。这表明在出售 x86 产品线后，IBM 在集中精力发展 POWER，谋求转型。2014 年 10 月 28 日，IBM 宣布成立中国 POWER 技术产业生态联盟，众多中国产业合作伙伴得到了 POWER 授权。这一举措是 IBM 在 2013 年 8 月围绕 POWER 微处理器架构与谷歌、NVIDIA（英伟达）等建立的 OpenPOWER 联盟在中国市场的深度延伸。

二、事件评析

（一）保留 x86 业务必要性不大

在将 x86 业务售出之前，IBM 从营收角度看，是全球第三大 x86 服务器提供商。根据 IDC 提供的数据和 IBM 的业绩报告可以看出，x86 业务在 IBM 总的营收里所占的比例很小且呈下降的态势。

如果 x86 系列服务器的营收下滑还不能让 IBM 伤筋动骨的话，Power 小型机和 System Z 大型机的下滑则让 IBM 痛定思痛：System Z 相比 2012 年下滑了 37%，MIPS 大型主机系统下滑 26%，Power 服务器下滑 31%。对 IBM 而言，Power 和 System Z 系列才是其硬件业务的主要利润来源。

在财报难看、急需转型的关口，IBM 明确需要有所取舍。鉴于 IBM 剥离 PC 的历史，减轻硬件负担，依靠软件轻装上阵仍是一个好的选择，2013 年底是个需要作出决定的重要时间点。

从战略意义上来讲，保留 x86 的必要性已经不大：表面上看，x86 服务器营收下滑最少，但 x86 服务器因为架构、协议和接口均已实现标准化，具有较强的通用性，这也导致了厂商之间的同质化竞争很激烈，厂商通过价格战拼出货量，利润微薄，而 IBM 一贯追求高价值、高利润，它擅长的并不是薄利多销和价格战。此外，由于定制化服务器越来越受到用户的青睐，通用型服务器的需求日益萎缩，出货量逐步下滑，Power 小型机和 System Z 大型机的利润高出 x86 服务器不少，而且 Power 小型机和 System Z 大型机是 IBM 的独门法宝，客户购买后还能给 IBM 带来可观的后续维护与服务收入，这点正是 IBM 所希望的——源于郭士纳和彭明盛启动的变革，IBM 的营收模式发生重大改变，从纯硬件产品销售，转变为在硬件的基础上向客户销售价格不菲的软件和服务。此外，IBM 转型方向中的云计算和大数据解决方案要依赖主机和 Power 平台，IBM 保留了适合进行后台计算的 Power 小型机和 System Z 主机。

（二）以开放促进保留业务的增长

如果说出售 x86 业务是 IBM 的防守，那么成立 OpenPOWER 联盟尤其是牵头成立中国 POWER 技术产业生态联盟则是进攻的组合拳。IBM 系统与科技部全球高级副总裁 Tom Rosamilia 表示，IBM 的所作所为是"放弃 x86 业务，迎来 x86 用户"。

由 Tom Rosamilia 的话可以看出，IBM 卖掉 x86 业务的目的是为了把全部精力投在 Power 上面，调整策略，抢占市场。IBM CEO 罗睿兰在其为投资者们准备的一份长达 154 页的 2013 年年度报告中称，IBM 将带领硬件在新时期迎来新机遇，加强产品组合和深化 Linux 开放是使硬件走出低谷的有效途径。

作为开源社区的主要支持者之一，IBM 将开源模式引入 POWER 架构的服务器系列，通过 OpenPOWER 基金会将其 POWER 服务器技术推向开源社区。这是 IBM 在服务器业务上的一个重大决定，也代表着 IBM 转型的关键性阶段。IBM 于 2013 年 8 月启动了 OpenPOWER 计划，成立 OpenPOWER 联盟，开放 POWER 微处理器软硬件架构，旨在建设健康繁荣的 POWER 生态圈。

联盟内的公司可以获得 POWER 的使用许可，实现 POWER 处理器的定制化与开放化。POWER 硬件和软件首次开放，联盟成员能够获得开源的 POWER 固件，即控制芯片基本功能的软件。获得 IBM 授权后，联盟成员可以在芯片设计中使用 IBM 设计的电路，与其他成员一起开发相关产品，如服务器、网络设备和存储设备等。因此，IBM 及联盟将对外提供前所未有的开放性，开发人员针对各类型的工作负载定制服务器硬件。

根据 2014 年 12 月 Gartner 公布的最新数据，2014 年第三季度全球服务器出货量同比增长 1%，达到 253 万台，市场增长仍然乏力。除了亚太和北美市场外，日本、西欧、东欧、中东和非洲等其他区域的收入和出货量均有不同程度的下滑。其中，中国服务器市场出货量同比增长 15.63%，是全球市场增速的 15 倍，一枝独秀。然而，在中国市场，IBM 遭遇"去 IOE"和国产化替代的危机，中国服务器厂商的实力和市场占有率大升。此情此景下，IBM 开放 POWER 芯片技术，邀请中国企业加入 OpenPOWER 基金会，成立中国 Power 技术产业生态联盟实属一次积极的进攻。

该联盟成立的目的在于，一方面，推动中国本土企业在消化吸收的基础上构造新的架构和模块，实现再创新；另一方面，打造 POWER 技术生态链，实现技术创新和技术—产品—应用的良性循环。目前，国家相关部门没有对国产化给出严格意义上的界定，没有具体规定多少比例的零部件和组件一定要国产，此外，IBM 宣布与中国企业的合作，苏州经信委、北京经信委都是参与方，合作方也都有国资背景。从某种意义上可认为中国官方对这种模式是认可和支持的。而对 IBM 来说，以这种途径和方式化解"去 IOE"的窘境，既可进一步优化 Power 系列产品，又可享受中国服务器市场快速增长的红利。

第八节　高通生产 ARM 架构的服务器芯片进军新领域

一、事件背景

2014 年 11 月 19 日，在纽约举行的公司年度分析师大会上，高通 CEO 莫伦科夫宣布，高通公司的工程师已经在着手开发 ARM 服务器芯片，与英特尔、AMD 等公司展开竞争，同时也将直面来自其他的 ARM 服务器芯片制造商的挑战。他预计，高通所瞄准的 ARM 服务器芯片市场的收入到 2020 年可能高达 150 亿美元。但他表示，公司还需要一段时间来正式进入该领域。莫伦科夫没有透露具体的生产计划及产品细节，如开发时间表以及具体技术等。高通全球市场与传播副总裁丹·诺瓦克对媒体表示，公司进入服务器芯片领域，是因为公司看到了云计算发展带来的趋势。

AMD、Cavium、Applied Micro 都已经是 ARM 阵营的参与者，推出的是基于 ARM64-bit 和 ARMv8-A 架构的 SoCs 芯片。在云计算趋势的推动下，低功耗、小体积的处理器平台将成为主流。目前英特尔一直努力降低 x86 芯片的能耗，而低耗能正是 ARM 架构的优势，也是 ARM 服务器芯片的机会所在。并且，Google 和 Facebook 等互联网巨头在这方面也有一定的需求。

二、事件评析

（一）移动市场竞争加剧

众所周知，高通是全球最大的移动芯片制造商，它的盈利主要来源是专利授权费。但伴随着 4G 时代的到来，技术的演进与不同区域在标准上的选择不同，高通的专利占比下降，绝对优势被大幅削弱，再依靠坐收专利费实现丰厚利润的想法已经不现实。雪上加霜的是，高通在中国和欧洲等地遭受有史以来最严格的反垄断调查——2014 年 11 月，高通主动披露，除了中国，公司也正在接受欧盟委员会和美国联邦贸易委员会的调查，原因是公司可能违反了欧洲和美国的反垄断法，在中国除需要交纳高昂的罚金之外，还必须改变专利费收取方式和取消专利反授权。这对高通的业绩产生了不小的影响——在接受反垄断调查期间，部分中国手机厂商延长了与高通的专利授权谈判，甚至拒绝高通支付费用，这使高通 2014 财年第四财季（截至 2014 年 9 月 28 日）的净利润出现了 15% 的环比下降，为近两个财年里最大环比降幅。而且可以预见，专利费收取方式的变化将长期影响高通的利润。

此外，竞争对手如联发科、展讯、海思的崛起，也进一步压缩了高通的利润空间。如随着对 3G/4G 支持的完善，联发科新一代芯片的综合竞争力得到较大幅度的提升，陆续在多个国产品牌的中高端机型上应用，打开了市场，并且在芯片能耗控制方面优势依旧，市场口碑越来越好。根据中国台湾地区《电子时报》的报道，2014 年联发科的销售收入达 2130.6 亿新台币，约合 66.8 亿美元，创下了新纪录。台湾地区《商业时报》息称，2014 年联发科智能手机芯片出货量达到 3.5 亿枚，4G 芯片超过 3000 万枚，逐步拉近与高通的距离。在中国政府对集成电路产业的扶持效应下，展讯成为"国家队"，逐步完成与锐迪科的整合，一举成为全球第三大手机芯片厂商，而英特尔的入股将为展讯带来物料、渠道、品牌和资

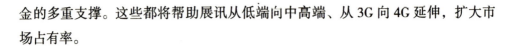

金的多重支撑。这些都将帮助展讯从低端向中高端、从 3G 向 4G 延伸，扩大市场占有率。

（二）服务器市场空间巨大

在腹背受敌的情况下，高通必须寻找新的发展空间。利润丰厚的服务器芯片市场是一个不错的选择。伴随着云计算、大数据的兴起，全球数据中心基础设施的建设将保持高速增长态势，而且对功耗的要求越来越苛刻。

在服务器芯片市场，x86 架构占主导地位，但英特尔占据绝大部分市场份额，AMD 占不足 3% 的份额。对于生产和购买服务器的公司来说，英特尔一家独大的局面不是他们所希望的，他们乐于见到有替代英特尔芯片的产品，特别是低功耗的 ARM 芯片出现。就高通进入服务器市场的优势而言，最突出的一点是高通具有很强的渠道能力。相比 ARM 阵营的其他公司，高通依靠在移动领域的积累，具有强大的销售能力。

ARM 架构服务器的最大优势在于低功耗和高密度，适合在轻量级负载的领域应用。目前采用这种服务器的用户大部分来自于网站运营商，如谷歌和 Facebook，他们对定制化服务器和数据中心的需求很大。高通承诺研发出的新芯片功耗低，可确保数据中心更加环保，这对用户的吸引力是巨大的。在高通对外播放的一段视频里，Facebook 基础设施工程副总裁杰·帕里克对高通加入其潜在服务器芯片供应商行列感到兴奋。他表示："ARM 服务器在性能、功率以及冷却方面可以提供与 x86 服务器完全不同的特质。高通的 ARM 服务器芯片使我们可以重新思考建设某些基础设施的方式。"

但高通需要面对的现实是，生态系统的建立和影响力提升是艰难而长期的过程。从 ARM 服务器芯片的发展现状来看，新产品面世比预期的要晚，发展进程一度停滞，供应商无法提供 64 位的运算能力，而服务器软件常常要求这种能力。尽管高通的技术储备强大，但想在短时间内凭一己之力扭转大势基本无望。而如果生态圈不能尽快完善，应用的数量和质量都无法保证，这对新建数据中心的用户和需要迁移的用户来说都是巨大的阻碍。亚马逊 AWS 副总裁 James Hamilton 就直言，ARM 芯片技术的研发步伐不够快，使用 ARM 技术的芯片厂商的创新速度跟不上英特尔，因此亚马逊不准备替换其服务器芯片提供商，并将会一直使用基于英特尔芯片的服务器。

此外，从数据中心的发展趋势看，服务器、网络和存储需要进行联合优化，单纯芯片的比拼已经意义不大。而高通基本没有涉足高速网络和存储方面，这与英特尔已存在不小的差距。

2013 年底 ARM 服务器先锋 Calxeda 破产、2014 年英伟达和三星先后放弃 ARM 服务器芯片的开发，曾给 ARM 服务器的未来蒙上了不小的阴影，此时挺身而出的高通若能认清形势，有效出击，至少能加快 ARM 芯片技术的创新节奏，为服务器市场带来变化的可能。

第九节　惠普拆分

一、事件背景

2014 年 10 月 6 日，惠普公司正式宣布，公司在 2015 年 10 月份之前将拆分为两家公司并分别上市，其中一家涵盖服务器、存储、软件服务等企业市场，名为"惠普企业"；为大众所熟知的惠普为"惠普公司"，涵盖 PC 和打印机等业务。惠普的管理架构也进行了重大调整。CEO 惠特曼将出任"惠普企业"总裁兼 CEO，独立董事陆思博将出任"惠普企业"董事长；惠普现任 PC 和打印机业务负责人迪昂·维斯勒将出任"惠普公司"CEO 兼总裁，惠特曼将出任非执行董事长。分拆将在 2015 年 10 月完成，两家公司都将成为上市公司，现有股东可以通过免税分配的方式，分别获得两家公司的股票。在宣布将惠普拆分成两个独立公司的电话会议上，惠普称新公司"惠普企业公司"将是增长引擎。

二、事件评析

（一）为优化业务而分拆

惠普拆分并不是一件很出人意料的事，早在 2011 年，惠普就对 PC 部门的分拆进行过评估。但当时考虑到 PC 部门是惠普服务器供应链上不可或缺的一部分，这一分拆方案因为没有得到除时任 CEO 李艾科之外的大多数管理层的同意而搁浅。这种分歧后来直接导致了李艾科的离职。

2012 年，接任的 CEO 梅格·惠特曼将 PC 与打印机业务进行了合并。受 PC 销量萎靡不振的影响，惠普 PC 业务营收 2011 财年为 396 亿美元，2012 财年为 357 亿美元，2013 财年为 320 亿美元，逐年下降。到了 2014 年，惠普不得不面对数个季度以来营收一直难以增长并导致其在过去数年间裁员近 5.5 万人的现实。

而参考诸多科技型企业在遭遇发展停滞不前时的对策，惠普选择了分拆，以求重获生机。

梅格·惠特曼强调，由"一个惠普"走向拆分，目的都是为了重振惠普，现阶段惠普必须改善公司的资产负债表，必须优化公司的各项业务。

由于设备种类增多导致用户分流，前两年全球 PC 产业低迷，出货量一直处于下滑趋势之中——根据 IDC 的数据，2014 年全球 PC 出货量在 2014 年继续下滑，为 3.086 亿台，较 2013 年下降 2.1%；Gartner 公布的数据显示，2013 年全年全球 PC 出货量为 3.159 亿台，同比下降 10%，创下有史以来最大跌幅。这一出货量水平与 2009 年相当。与之形成鲜明对比的是，企业级市场前景一片看好。Gartner 发布最新预测，2015 年数据中心系统支出预计将达 1430 亿美元，与 2014 年相比增长 1.8%；企业级软件支出将稳步增长至 3350 亿美元，与 2014 年相比增长 5.5%；2015 年 IT 服务增长率为 2.5%。

在 PC 市场，惠普一直占据的头把交椅手被联想集团抢走。在企业级市场，惠普具备一定的增长潜力，但目前体量不大，利润率较低且连年下滑，相比 IBM 等专注于企业级解决方案提供商整体实力偏弱。总体而言，惠普在低端硬件方面遭遇联想集团等硬件销售商的激烈竞争，在高端企业软件方面又面对 IBM、甲骨文和 VMware 等软件公司的强有力竞争。

对一个公司来说，不同业务面向的市场不同，运作机制也就不同，碰到的问题和解决思路各异。对于惠普而言，同时运作消费级业务和企业级业务难以产生协同效应，反而会难以兼顾，这是因为随着信息技术的进一步发展，消费级业务和企业级业务在公司内部运营的差别越来越大，消费级业务服务追求的是个性化和便捷化，企业级业务追求的是专业化和精细化，两者的运作在企业文化、用人理念、架构设置、经营手法上存在明显差别，要实现统一协调挑战很大。

（二）保住现金牛与转型齐头并进

在 PC 和打印机领域，低迷的 PC 产业将很难为惠普的 PC 业务提供较大的增长机会。而从 PC 产业的形态多样化（例如平板 /PC 合一的混合本）的竞争态势看，惠普的表现也不如夺走其冠军宝座的联想。而打印机业务由于互联网和移动互联网的发展而萎缩，被认为是打印机产业新的机会和增长点的 3D 打印实现应用仍有待时日，惠普指望其成为营收和利润的新增长点并不现实。可以说，实施拆分让 PC 和打印机业务可以专注于产品的生命周期、销售周期和分销渠道，尽可能地保证稳定的现金流。

惠普企业公司则代表了惠普的转型方向。惠特曼曾表示，惠普希望减少对PC业务的依赖，逐步向基于服务器、存储和网络的企业市场转型。由于云计算、大数据、安全等相关领域增长迅速，企业级市场正在经历一段黄金时期，利润空间较大。在摆脱了消费级业务的包袱之后，惠普企业公司可以继续加码对Helion等新业务的投资和拓展，树立更加专一的企业解决方案提供商的形象，这对打开企业级市场的重要性不言而喻。相信惠普企业公司未来会寻求通过持续的投入进行技术创新、提高附加值或通过并购等资本运作手段获得某领域的优质资源，扩大规模，提高利润率，以求在企业级市场中崛起。

可以说，惠普的拆分一定程度上体现了这家老牌企业重振旗鼓的决心和能力，但惠普急需找到对策的挑战也不少：失去了PC和打印机业务的支撑，惠普很难向企业客户出售包括计算设备、服务器、咨询服务和软件在内的"一揽子"服务。此外，分拆产生的两个独立公司可能会令惠普丧失对芯片及其它硬件、配件供应商在采购价格方面的影响力和议价能力，从而导致成本上升，拉低其利润率。

第十节　IBM 负 15 亿美元出售芯片业务

一、事件背景

近年来，移动互联网、大数据、云计算等业态和新技术正在给传统科技行业带来越来越大的冲击。作为商业界基业长青的典范和百年老店，IBM公司同样在这场变革中遭遇阵痛，自 2013 年以来，IBM 遭受了近十年来最严峻的业绩挑战。IBM 公司 2013 年财报显示，2013 年全年营业收入 997.51 亿美元，同比下滑 4.55%；盈利 164.83 亿美元，同比下滑 0.73%。其中，芯片业务年损失达 15 亿美元，成为亏损最严重的业务部门之一。

2014 年 10 月 21 日，IBM 宣布把亏损的芯片制造业务转让给美国 Global Foundries 公司，作为回报，IBM 将在未来三年内向 Global foundries 支付 15 亿美元的现金。此举是 IBM 继剥离硬盘、PC、打印机、X86 服务器之后，又一次剥离硬件业务，这也是 IBM 自 1990 年初面临财务危机以来，近 20 年内的最大一次战略调整。

二、事件评析

长期以来，IBM就以对市场的敏感而闻名，面对不断变化的市场行情，IBM往往能够先于自己的竞争对手做出判断，这使得IBM在残酷的市场竞争下一次又一次地化险为夷，此次出售芯片业务，也是基于芯片行业现状和前景以及市场变化的又一次转型。

（一）IBM正在向越来越"名不副实"转变

众多周知，IBM是国际商业机器公司（International Business Machines Corporation）的缩写。在芯片业务出售后，IBM旗下的硬件制造产业只剩下大型服务器、超级计算机、专业图形工作站和少量的存储设备等，IBM正在逐步放弃自己的"商业机器"制造产业，变成一家软件与服务公司。从一家硬件设备厂商向一家IT解决方案及软件服务商转型，曾是IBM早期的转型方向之一，IBM之前出售PC和低端服务器等硬件业务都是"由硬向软"的尝试。但是，与PC和低端服务器等硬件业务不同，芯片制造业务在很长一段时间内担当着IBM的核心业务角色，IBM此番剥离芯片制造业务，意味着这家老牌科技巨头将彻底转向软件和IT服务提供商。事实上，随着移动互联网的风靡以及大数据和云计算技术的普及，软件和服务正代替硬件成为IT企业的利润高地，诸多IT巨头也纷纷开始出售已成为"鸡肋"的硬件业务。例如，谷歌旗下的摩托罗拉移动出售给了联想，索尼也宣布将出售旗下个人电脑业务VAIO。

（二）在后摩尔时代，技术红利即将消退

长期以来，摩尔定律就以其惊人的准确性和前瞻性被奉为IT行业发展的"金科玉律"。但随着芯片产业的不断发展，不断有言论宣称摩尔定律即将失效，这其中包括摩尔定律的发现者、Intel公司联合创始人戈登·摩尔（Gordon Moore）本人。虽然以Intel为首的芯片公司，一次又一次地用自己的技术打破了这些末日论，但不可否认，在目前的情况下，尚没有合适的材料可以取代硅晶圆在芯片生产中的地位，而芯片的制程工艺已经逼近于硅晶圆中电子可以通过的物理极限。几年之内，芯片厂商们就会触及这个极限，芯片的性能也会面临瓶颈。这个瓶颈以目前的技术难以打破。

芯片行业在进入后摩尔时代后，技术极限使得技术红利慢慢消失，技术领先的厂家将会被原本落后的厂家追赶上，价格也许将成为各家芯片厂商打开市场的

唯一手段。

（三）"沙价芯片"的时代将到来

"沙价芯片"的概念源于小米公司创始人雷军在一次会议上的讲话："三五年内芯片会按沙子价卖"，"芯片业应该借鉴互联网实现免费，按照成本价销售"。如今，以中国台湾联发科为首的亚洲芯片厂商，正在凭借低价高性能的芯片开始"弯道超车"，而德州仪器、IBM 等芯片行业巨人却纷纷开始退出。

长期以来，芯片业一直是高投入、高回报的典型高科技产业，但随着技术的进步，芯片产业的准入门槛将进一步降低，一些原本落后或者新兴的企业将慢慢追平现在的巨头。高价高性能的定价模式已经渐渐不再适用于芯片产业，惨烈的价格战在几年之内就会爆发。事实上，联发科低价芯片在手机市场上的成功已经很明显地表现出这样的倾向。而为了打赢这场价格战，怎样降低生产成本将成为芯片厂商最为重要的研究方向，"沙价芯片"的出现将成为极大可能。

第十一节　医疗器械领域最大并购案：美敦力 429 亿美元并购柯惠医疗

一、事件背景

2014 年 6 月 15 日，全球第二大医疗器械公司美敦力宣布以 429 亿美元（最终交易价格约为 499 亿美元）的惊人价格并购全球 500 强企业柯惠医疗。作为全球领先的医疗科技公司，美敦力主要生产治疗心血管疾病和整形外科方面的医疗器械，包括心脏起搏器、胰岛素泵等装置和仪器，当前市值约为 610 亿美元。柯惠医疗主要生产外科手术设备，当前市值为 320 亿美元。

美敦力首席执行官奥马尔·伊什拉克表示，这笔并购的主要动机是"战略和业务定位"，美敦力收购柯惠医疗可以为全球患者以及客户提供"更好的价值"。美敦力表示，交易完成后，新公司将被命名为美敦力公共有限公司，美敦力和柯惠医疗的业务将在新公司名下得以整合，新公司将拥有广泛的产品种类，并在全球 150 个国家拥有约 87000 名员工。合并后的新公司将在爱尔兰设立行政办公室并进行税务注册，但新公司的运营总部将继续设在美国明尼阿波利斯市，美敦力在该市拥有逾 8000 名员工。此外，美敦力还表示，由于此项收购节省了运营成本，公司将在未来 10 年额外投入 100 亿美元用于在美国的投资、收购和研发领域。

英国广播公司称，通过全球后台运营整合、产品制造和供应链运营的优化，预计在2018财年结束之前，合并后的新公司每年将至少节省8.5亿美元的开支。

2012年，美国强生曾斥资213亿美元收购瑞士医疗器械服务公司辛迪思，造就当时医疗器械领域的最大并购。而此番美敦力429亿美元收购柯惠医疗超越强生的收购案，成为医疗器械领域迄今为止最大的一宗收购。

二、事件评析

美敦力公司原先主要业务在心脏、心血管、骨科等领域，而柯惠的业务范围主要是外科能量器械、微创内科消化领域，两家公司的业务范围几乎没有重叠，且互补性很强，所以交易首先不违反美国的竞争法律。

其次，这项交易将使美敦力享受到爱尔兰低税率的优惠政策。据英国广播公司报道，爱尔兰当前的公司所得税税率为12.5%，而美国则高达35%，为全球最高的公司所得税税率之一。彭博社称，通过在爱尔兰进行注册，美敦力可以释放出140亿美元的现金流。

最后，无论在全球市场还是在中国等细分市场，美敦力都与另外四大医疗器械巨头GE、强生、西门子以及飞利浦不断地在竞争和博弈。此次一举收购吸纳爱尔兰医疗器械巨头柯惠医疗的业务将使美敦力的竞争实力将得到大幅提升。这笔并购将使美敦力公司全面接管柯惠医疗的产品线，形成巨大的产品扩容。同时，合并之后的新公司将拥有更大的规模与业务范围、多元化的增长机制和广泛的全球分布，这有助于美敦力对全球最大的医疗器械公司强生发起强力挑战。

第十二节　微软正式停止对 XP 系统技术支持

一、事件背景

在服务了世人13年后，2014年4月8日，微软正式宣布对Windows XP系统不再提供技术支持。据微软称，Windows XP的运行环境存在很大的漏洞，微软发布的补丁不能有效抑制病毒的攻击，因此不断在其官网上告知用户可能承受一些风险。这意味着此后XP操作系统再出现任何漏洞，微软都不会提供系统更新修补漏洞，而一旦系统出现漏洞且没能及时修补，可能会引发安全隐患，如电脑感染木马程序、电脑病毒或遭遇黑客的入侵。

作为微软历史上最成功以及最长寿的操作系统，自 2001 年发布起，XP 操作系统已经连续工作了 12 年。数据显示，全球范围内的 XP 市场份额约为 25%，而中国 XP 市场份额高达 70%，使用用户数量超过 2 亿。

二、事件评析

（一）中国过半用户选择继续使用

目前中国仍有约 2 亿微软 XP 用户。据腾讯调查数据显示，超过 55% 的 XP 用户选择在 4 月 8 日以后坚持使用 XP 系统。而微软中国在其官方微博发表声明称，XP 正式退役后，微软中国将对中国 XP 用户提供独有的安全服务，此外，在 XP 用户选择操作系统升级之前，微软将继续为中国 XP 用户提供安全保护。

（二）XP 退休对中国用户影响有限

数据显示，在过去近 13 年中（2001 年 10 月 25 日 Windows XP 全球首发），70% 的中国 XP 用户没有选择使用微软定期推送的安全保护服务，因此对于大部分中国用户来说，XP 退休带来的影响十分有限。尽管如此，微软与众多国内厂商即将推出的这一系列安全措施，仍将在这些用户选择升级到新一代操作系统之前提供保护。

据微软透露，"特有的安全服务"和此前的服务有所区别，不再是通过 windows update，而是和中国的一些科技企业合作，通过他们的产品为 XP 继续提供过渡期的安全更新。360、金山、腾讯此前都宣布有针对继续使用 XP 用户的专门产品。

第十三节　苹果蓝宝石屏幕供应商 GTAT 破产

一、事件背景

2014 年 10 月 6 日，苹果公司蓝宝石玻璃屏幕的独家制造商、全球蓝宝石玻璃屏行业巨头 GT Advanced Technologies（以下简称"GTAT"）发公告宣布向美国破产法庭提出主动破产申请。GTAT 拒绝披露为何破产。但通过对此事件的追溯，不难发现 GTAT 破产的原因。

（一）押宝苹果、签署霸王条款埋下隐患

2013年，GTAT公司与苹果签署协议，由苹果投资5.78亿美元帮助GTAT建设亚利桑那州工厂，专门生产苹果产品所需的蓝宝石玻璃屏。该协议内容显示，GTAT不能将供应给苹果的屏幕供应给其他企业；如果GTAT屏幕达不到苹果的质量和产能要求，将得不到全部的款项。而且协议中还提到，苹果并没有义务一定要向GTAT购买屏幕。

（二）技术和产量达不到苹果的要求带来恶果

2014年9月，苹果公司发布iPhone 6手机时，并没有使用蓝宝石屏幕，而是仍然使用玻璃屏。据业内相关人士表示，苹果之所以不采用蓝宝石屏作为手机屏，是因为此前测试表明人造蓝宝石易碎，例如，当手机从不同高度和角度掉下时，屏幕会碎裂。而GTAT提供的蓝宝石屏质量和产量都无法满足iPhone 6手机产品线要求。正是由于这个原因，苹果未向GTAT支付1.39亿美元蓝宝石玻璃屏采购预付款，这就给原本就陷入财务困境的GTAT以致命一击。业界普遍认为这是GTAT破产的主要原因。

二、事件评析

GTAT破产对中国企业带来严重影响，国内企业"受骗却不得不认栽"。

首先，给江苏吉星、广东赛翡、海宁上城科技、贵州皓天和江苏林洋等与GTAT合作的蓝宝石晶体生长行业的企业带来巨大打击。这些企业由于没有自己的人才、技术和设备，与GTAT的合作都是深入和全面的，不仅仅是一般的设备采购而已，而是希望能够引进、消化和吸收GTAT技术，并获得GTAT在市场方面的支持。GTAT的破产，直接导致这些企业蓝宝石屏项目夭折，带来的经济损失初步估算达到10多亿元。同时，中国受害企业的维权索赔几无可能。GTAT是通过其设立在香港的一家公司，而不是GTAT母公司和中国厂商签订合同。这就意味着如果有中国企业状告该香港公司，香港公司可以选择破产，但却对其母公司没有任何影响。

其次，打乱了那些激进进军蓝宝石玻璃屏幕行业并纷纷扩大产能的企业的计划，造成未来发展的不确定性。目前仍在为智能手机蓝宝石玻璃屏幕扩大产能的一线供应商，需要改变原先的发展计划，原先积累的产能可能会因为此事件的影响而难以消化。正在蓬勃发展的蓝宝石玻璃屏幕行业可能会重新洗牌。

行 业 篇

第四章 计算机行业

第一节 发展情况

一、产业规模

2014 年，全球计算机行业总体发展态势平稳，其中 PC 市场连续两年出货量下滑，但在第四季度出现小翘尾；服务器市场出货量和营收均稳步小幅增长，中国市场增幅明显。2015 年 1 月，IDC 发布的报告显示，2014 年全球 PC 出货量为 3.086 亿台，较 2013 年减少 2.1%。从各季度出货量和营收情况看，PC 市场在第四季度探底回升，根据 Gartner 发布的 2014 年全球 PC 销售统计结果来看，2014 年第四季度全球 PC 总销量达到 8370 万台，较 2013 年第四季度相比增加 1%；服务器市场出货量低速增长，营收小幅震荡。Gartner 统计显示，2014 年第三季度全球服务器出货量与 2013 年同期相比增长 1%，达 253 万台，营收增长 1.7%。2014 年第二季度全球服务器出货量与上年同期相比增长 1.3%，营收较 2013 年第二季度增长 2.8%。除了东欧、日本与拉丁美洲，其他地区均在出货量与厂商营收方面呈现出增长态势。2014 年第一季度，全球服务器出货量为 230 万台，同比增幅为 1.4%，营收同比下降 4.1%，至 113 亿美元。

Gartner 数据显示，2014 年全球包括台式计算机、笔记本电脑在内的 PC 市场出货量约为 3.16 亿台，同比 2013 年下滑 0.1%，下滑幅度比 2013 年（10%）减少 9.9 个百分点，远优于年初市场预期。PC 行业自 2012 年二季度起，截至 2014 年第一季度连续 8 个季度出货量下滑，平均季度下滑 6.5% 以上。2014 年第二季度，受 XP 系统停止服务带来的 PC 产品软硬件升级换代影响，传统 PC 出货量呈现回暖态势，其后三个季度出货量连续反弹，同比增速止滑转稳，并在四季度实现 1%

的正增长。笔记本电脑在 PC 市场整体走势下止滑转增态势尤为明显。2014 年出货量 1.755 亿台，同比增长 3.6%。

表 4-1　全球 PC 季度出货量及增长率

机构	类别 \ 季度	2013年				2014年			
		Q1	Q2	Q3	Q4	Q1	Q2	Q3	Q4
Gartner	出货量（万台）	7920	7600	8030	8260	7660	7580	7940	8375
	增长率	−11.2%	−10.9%	−9%	−6.9%	−1.7%	0.1%	−0.5%	1.0%
IDC	出货量（万台）	7630	7560	8160	8220	7340	7436	7850	8077
	增长率	−13.9%	−11.4%	−8%	−5.6%	−4.4%	−1.7%	−1.7%	−2.4%

数据来源：赛迪智库整理，2015 年 3 月。

2014 年，全球服务器市场摆脱 2013 年的疲态，恢复增长。四个季度，出货量同比增速分别为 1.4%、1.3%、1%、4.8%，增长较为温和。2014 年全球服务器营收上升态势明显，由一季度时的 −4.1% 上升至二、三季度的 2% 左右，实现正增长。北美和亚太地区政府、金融、电信、制造业等传统行业和超大型企业组织对云计算平台模式的推广应用是全球服务器营收增长的主要推动力。

表 4-2　全球服务器出货量与营收增长率

类别 \ 季度	2013年				2014年			
	Q1	Q2	Q3	Q4	Q1	Q2	Q3	Q4
出货量增长率	−0.7%	−1.2%	1.9%	3.2%	1.4%	1.3%	1%	4.8%
营收增长率	−5%	−2.4%	−2.1	−6.6%	−4.1%	2.8%	1.7%	2.2%

数据来源：Gartner，2015 年 3 月。

二、产业创新

在理论层面，计算基础理论和技术研究自 2014 年进入活跃期，多项基于新型计算技术的应用或阶段性成果问世，包括量子计算、光子计算、生物计算及人工智能技术在内的新型计算技术多路演进，为计算机体系架构突破提供了多种思路。比较突出的进展和突破有 IBM 与康奈尔大学合作研发出能够模拟大脑神经元运行方式的计算机芯片 TrueNorth，该芯片集成 54 亿个晶体管，最终产生 2.56 亿个"突触"，可以模拟真实神经元交流、处理信息的方式，具备一定的学习能力；IBM 创建首个全功能石墨烯集成电路，利用主流硅 CMOS 工艺制作了全球首个多级石墨烯射频接收器，进行了字母为"I-B-M"的文本信息收发测试。

PC 产品依靠处理器的升级性能不断提升。2014 年，市售主流笔记本电脑普遍搭载英特尔第 4 代酷睿处理器。整机厂商积极寻求差异化竞争，提供个性化的产品，如 2014 年 10 月份，苹果发布 27 英寸 Retina 屏 iMac，其屏幕分辨率达 5K。这是苹果首次将 Retina 视网膜屏幕带入了桌面电脑，新款 iMac 可谓一次意义重大的升级，它是全球分辨率最高的一体式台式机。微软为了更好地推广 Windows 系统，联合 OEM 厂商推出了 1200 元的低端 Windows 笔记本——在 2014 年的假期消费季中，微软推出了两款售价 200 美元左右的 Windows 笔记本电脑，其中由惠普代工生产的 Stream 11 笔记本电脑售价只要 199 美元。以低价为特色的谷歌 Chromebook 的使用体验改善明显。

服务器市场上，x86、ARM、Power 架构都取得了一定的突破。x86 服务器市场进入"高能效与高性能时代"，服务器的性能 / 能耗比成为新的挑战，并且伴随着越来越多的应用被整合到一起，用户需要更大的内存、更可靠的平台（针对应用整合后的风险集中爆发）以及针对 I/O 拥堵问题做出及时的调整，服务器需要迎合主流应用趋势和业务负载的需求，提供更好的应用与业务体验。随着企业的应用不断向私有云平台整合，数据中心整合业务堆栈，创建更大的计算集群，高端 x86 服务器需要以更强的弹性、灵活性支撑集群乃至整个私有云；另一方面，由于基于高性能、大容量的节点建设集群，集群规模可以被有效缩小，减少集群复杂性、多点故障可能性以及提高集群的延迟表现，因此高端 x86 服务器的系统性能仍然需要进一步的提高。在大数据分析方面，新的、大规模的、实时的业务负载大量出现，对服务器平台的资源需求形成了极大的压力，一般的 x86 服务器的性能、I/O 吞吐量和延迟表现，难以支撑内存数据库、实时数据分析等持续高压型业务负载。

八路 x86 服务器发展势头强劲。八路是通用服务器市场的塔尖领域，是产业利润的重要来源。云计算、大数据等新兴应用的发展，为八路服务器的增长提供了旺盛的动力。在 x86 产品同质化、竞争加剧的大形势下，各个厂商都在加大在八路服务器领域的布局，以夺取更大的利润空间。

ARM 架构在 64 位上取得突破，平台和整机产品问世。ARM 公司解决了 Cortex A-57 在设计上的局限性并推出了首款针对服务器和嵌入式设备的 64 位 ARM SoC（片上系统），2014 年 8 月，AMD 宣布即推出 AMD Opteron A1100 系列开发套件，它配备了 AMD 首款基于 64 位 ARM 的处理器，2014 年 10 月 20 日，惠普推出首款企业级 64 位 ARM 服务器 ProLiant m400。

Power 架构进一步深化开源。POWER 服务器从只搭载 UNIX 操作系统到开始支持 Linux，在虚拟化方面从独有的 POWERVM 开始支持 KVM，未来还将包括 DOKER 技术，进一步走向开放，2014 年，IBM 彻底开放了 Power，OpenPOWER 基金会目前成员数已达 80 个。基于 POWER8 架构的服务器方案第一次将英伟达 GPU 加速引入其中。IBM Power S824L 服务器是首款包含有英伟达 Tesla GPU 的产品，同时也是第一套完全由 OpenPOWER 基金会打造的解决方案。2014 年 12 月，IBM 在华授权 Power 技术取得了实质进展。当月 9 日，由华胜天成旗下成员企业新云东方生产的 Power System 服务器全系列产品正式下线并交付使用。

定制化服务器获得青睐。根据 Gartner 的统计数据，中国台湾服务器代工厂商的出货量出现明显增长，这是因为定制服务器为了满足互联网数据中心所需要的快速部署、高密度、低功耗、低成本、易扩展等特点，在架构设计、散热、电源等方面采用了和通用服务器所不同的设计，具有高密度、低成本、低能耗、低 PUE、快速部署、寿命长等优点。

第二节　发展特点

一、PC行业集中度进一步提升

2014 年，联想、惠普、戴尔、宏碁、华硕等五大 PC 厂商占据着全球 66% 以上的市场份额，其余规模较小的 PC 厂商的出货量减少 20%。其中，联想、惠普、戴尔稳居三甲。2014 年 1 月，LG 宣布退出传统 PC 市场；2014 年 2 月 6 日，日本索尼公司宣布退出个人电脑业务，将在日本运营的 VAIO 品牌的个人电脑业务及部分资产转让给由 Japan Industrial Partners Inc. 出资设立的子公司 VAIO 公司；2014 年 9 月 24 日，韩国三星电子正式决定退出欧洲笔记本市场，在欧洲停止销售包括 ChromeBook 在内的所有笔记本电脑。可以预计，随着竞争的进一步加剧，

PC 行业的集中度越来越高,中小品牌 PC 厂商将面临更大的生存压力。

二、利润空间狭小催发转型

由于 PC 市场的景气指数处于低位,行业内的厂商纷纷启动转型。品牌厂商的转型大致可分为三类:一是转型成 IT 解决方案公司,如惠普及戴尔,这两家公司除了 PC 产品之外,也是全球服务器出货量的前两大巨头。惠普和戴尔积极启动并购,将目标锁定在云计算的 IT 基础架构、资讯服务、大数据分析等领域;二是以 PC 为基础,扩展至移动端或者服务器端,如联想及华硕。联想的方向是朝"PC+"发展,从 PC 延伸到多种设备。联想以中国母市场优势为出发点,在智能手机市场按出货量计成为全球第四大智能手机厂商。同时,为了扩展国际市场,联想巨额展开多项收购,近 4 年有公开揭露的投资或合资案就超过 58 亿美元,2014 年年初买下 IBM x86 服务器和摩托罗拉移动,轰动业界。此外,联想还实施互联网转型,2014 年 7 月,联想建立互联网创业平台(New Business Development,NBD),吸引全球创业团队加入,合作模式包括参股、技术合作等。华硕从主板起家,成功转型成 PC 品牌,2014 年再度启动一波转型。华硕执行长沈振来明确对外宣示,2017 年将完全转型为移动公司,届时移动设备(平板电脑、智能手机)营收将超过 PC 的营收;三是转向发展云端,如宏碁。宏碁 eDC 经营 10 余年,为目前要做的云端服务打下基础。施振荣定调未来方向就是发展自建云。宏碁自建云将分为两个品牌:第一个是"ab apps",以消费者为主,提供文件、照片同步等云端服务,两年内已累积 400 万用户;第二个则是针对开发者伙伴推出的"Acer BYOC empowered",提供盟友开发工具及认证服务。除了云端之外,宏碁也看好物联网发展,锁定车联网、医疗、运算与通讯、智慧家庭四大领域。

三、成熟市场PC需求回暖

PC 市场曾因用户设备多样化而萎缩,但目前开始慢慢回稳。平板电脑对 PC 的取代效应在 2013 年和 2014 上半年达到最高峰。自 2014 年下半年以来,随着平板电脑在全球各个主要市场的普及,不少消费者慢慢回流至 PC,这一点在不同的市场上存在明显差异——在成熟市场中,PC 的需求呈上升趋势,美国是 2014 年第四季度出货量增长最多的地区,第四季度出货量达到 1810 万台,同比增长 13.1%,远远高于发展中国家 2% 的出货量增速。PC 销量排名前两位的企业仍然是惠普和戴尔。苹果 Mac 电脑 2014 年在美国 PC 市场的份额创历史新高,市场份额达到 13.4%，排名第三；在欧洲、中东及非洲地区的市场中，PC 市场创造了销售佳绩；在新兴市场中，PC 需求仍然显疲软。这种差别的主要原因是新兴市场的用户偏爱智能手机和平板电脑，对 PC 的重视程度不够，即使是价格低廉的笔记本电脑也一样。

四、服务器架构阵营发生变化

2014 年，服务器芯片产业中可能改变服务器整体技术和应用的，进而改变服务器市场格局变化的新技术和新产品屡现，随之而来的是服务器架构几大阵营之间竞争的进一步加剧。

2014 年，AMD 推出 ARM 架构服务器芯片——皓龙 OpteronA1100 系列，这对于 ARM 在数据中心的拓展是一个标志性事件。AMD 拥有 x86 芯片的丰富经验，会给 ARM 生态圈带来新的变化。2014 年 11 月，高通宣布进军 ARM 服务器芯片领域，可以预见，高通这样一个技术实力雄厚、资金充裕的公司进入，必将对仍然处于整体进化阶段的 ARM 服务器芯片领域带来重大影响。

2014 年 10 月，由 IBM 主导的中国 POWER 技术产业生态联盟在苏州成立。POWER 技术联盟旨在共同讨论如何充分利用 POWER 技术，通过消化、吸收和再创新，建立完善的生态体系，提升中国本土企业芯片、服务器和软件的技术水平。IBM 开放 POWER 芯片架构是希望借此吸引更多厂商加入到 POWER 阵营，尤其是中国的企业。2014 年 12 月，IBM 在华授权 POWER 技术取得了实质进展。当月 9 日，由华胜天成旗下成员企业新云东方生产的 Power System 服务器全系列产品正式下线并交付使用。

2014 年 11 月，曙光公司推出了国内首款基于龙芯 3B 处理器的服务器、桌面终端产品以及全自主可控可信计算服务器产品，实现了我国在信息安全领域真正的全自主可控，这标志着我国自主可控的软硬件产品体系有了新的突破，也标志着 MIPS 架构的发展可期。

五、亚太地区服务器市场成为增长焦点

2014 年，全球服务器市场整体低迷，特别是欧美地区及日本客户对服务器采购需求呈现较大程度下滑，致使全球主要服务器市场在出货量和销售额方面均出现明显下滑。但以中国为代表的亚太市场（除日本外）则成为全球服务器市场的亮点。2014 年第三季度，在全球服务器出货量同比仅增长 1% 的背景下，中国

服务器市场以同比 15.63% 的增长率一枝独秀。这是因为中国的云计算服务提供商建设大规模数据中心，并通过本地厂商，而不是国外的大公司采购服务器。这样的趋势一方面是因为中美之间的信息安全争端，而另一方面也是由于国产服务器更便宜。此外，中国企业正在大力建设基础设施，这推动了对服务器的需求。2014 年，中国 x86 服务器市场再次成为全球增长贡献最大的市场。IDC 公布的数据显示，中国 x86 服务器全年总销量 178 万台，销售额 350 亿元，同比分别增长 20.6% 和 29.7%。

六、定制化服务器崛起

在移动应用、开放式架构、软件定义数据中心等趋势的影响下，数据中心正朝着更加集成化以及针对工作负载进行深度优化的方向发展，并持续在高密度、高弹性、高效能方面加强投资。高端 x86 服务器的未来将建立在"为大数据分析设计"、"由软件定义"以及"开放协作"三大规则之上。相比通用型服务器，定制化服务器可以更好地契合这些需求，因此，成为越来越多用户的选择，尤其是大型互联网公司。

服务器采购趋势发生了转变。类似 Facebook、谷歌和亚马逊的公司绕开了服务器厂商，直接从广达和英业达等硬件厂商采购硬件。Facebook 主导的"开放计算项目"在一定程度上引导了这一趋势。该项目提供服务器参考设计，帮助企业自主设计数据中心硬件。在亚太地区的其他市场，对不知名厂商的服务器需求也在增长。

第五章 通信设备行业

第一节 发展情况

一、产业规模

智能终端方面。2014 年，全球智能手机出货量达 12.86 亿部，同比增长 28.0%；平板电脑出货量为 2.34 亿台，同比增长 7.2%。近三年，智能手机和平板电脑的年均增长率分别为 43.3% 和 27.0%，增长幅度有所放缓。

表 5-1 2012—2014 年全球移动智能终端出货量概况

类别	2012年		2013年		2014年	
	出货量	增长率	出货量	增长率	出货量	增长率
智能手机	7.18亿部	45.1%	10.04亿部	39.9%	12.86亿部	28.0%
平板电脑	1.45亿台	90.1%	2.18亿台	50.0%	2.34亿台	7.2%

数据来源：赛迪智库整理，2015 年 3 月。

网络设备方面。2014 年，在 4G 建设的驱动下，全球通信设备产业规模出现明显增长，同比增长 8.39%，达 1498 亿美元。其中运营商网络设备规模为 866 亿美元，企业网设备规模为 632 亿美元。

表 5-2 2011—2014 全球网络设备产业规模及同比增长率

	2011年	2012年	2013年	2014年
产业规模（亿美元）	1374	1337	1382	1498
运营商网络设备规模（亿美元）	828	772	795	866
企业网设备规模（亿美元）	546	565	586	632
产业规模同比增长	3.85%	-2.69%	3.37%	8.39%

数据来源：Gartner，赛迪智库整理，2015 年 3 月。

二、产业结构

通信设备主要包含移动终端设备（手机、平板等）和网络设备（路由器、交换机、基站、光通信设备等）两大类。

智能终端方面。2014 年，安卓系统继续稳固全球最大份额。在全球智能手机整体出货量中，安卓智能手机出货量达到 10.6 亿部，市场份额为 82.3%；苹果智能手机出货量为 1.78 亿部，市场份额为 14%；微软 Windows Phone 智能手机出货量为 0.35 亿部，市场占有率仅为 2.7%。Tizen 和 Firefox 等新兴操作系统尽管吸引了一些消费者，但并没有形成市场规模。同时，iOS 高端设备占据三成销售额。苹果公司由于稳占全球移动终端高端市场，2014 年其移动智能设备总市场价值达到了 1165.4 亿美元，并以 13.8% 的出货量占有率揽获 30.4% 的行业销售份额，远远领先于其他企业。

表 5-3 2014 年全球智能手机市场份额概况（按操作系统划分）

类别	出货量	出货量占有率	设备价值	设备价值占有率
安卓	10.6亿部	82.3%	2251.0亿美元	66.6%
iOS	1.78亿部	13.8%	1165.4亿美元	30.4%
Windows	0.35亿部	2.7%	778.2亿美元	2.0%
其他	0.14亿部	1.1%	348.0亿美元	0.9%

数据来源：IDC，2014 年 11 月。

三、产业创新

（一）网络功能虚拟化（NFV）开始实现落地

2014 年，随着云计算技术、理念与传统电信网络的逐步结合，通用芯片计算能力的极大提升和业务需求的多样化，NFV 获得了产业界的热情支持，并取得了可喜的进展。多个 NFV 服务、方案、产品、技术逐步落地，基于软硬件解耦的 NFV 电信网络初具雏形。爱立信、阿尔卡特朗讯、惠普都已展示基于 NFV 理念的产品和解决方案。

爱立信演示了云和 NFV 应用的实时性能，以"第三方硬件"承载自身云系统的方式演示了虚拟演进的分组核心网。爱立信表示，其产品方案与服务都将基于开放式的电信级云执行环境，同时还发布了一整套虚拟化网络应用及咨询和系统集成服务。

阿尔卡特朗讯提供了虚拟化的移动网络功能应用产品组合，包括无线接入网（RAN）IP 多媒体子系统（IMS）和分组核心演进（EPC）。

惠普公布了其 NFV 服务的总体战略，推出基于虚拟化和自有硬件的名为 OpenNFV 的新服务，以及关于 NFV 的参考架构、OpenNFV Labs 和合作伙伴生态系统。

（二）SDN 商业化进程加速

2014 年，SDN 在多个方面均取得快速发展，商业化进程稳步推进。国外主要网络设备和网络厂商，都积极围绕 SDN 展开创新。

开源社区积极推动 SDN 的商用。Linux 基金会的 OpenDaylight 项目在 2014 年进行了两次重大发布。2 月发布了 OpenDaylight 的氢（Hydrogen）版本，9 月又发布了氦（Helium）版本，在集群以及 SAL 架构上做了很大的改进。ONLab 推出 ONOS 开源 SDN 控制器，Open vSwitch（OVS）加快了对 OpenFlow 协议的支持，从 2.3 版本开始正式全面支持 OpenFlow 1.3 以及 OpenFlow 1.4 部分特性。越来越多的 SDN 方案被用于 OpenStack 等云管理系统的网络底层实现方式。

2014 年 4 月，思科首次对外宣布将基于数据中心网络的 ACI 解决方案向企业网络扩展，并将推出被思科定义为应用策略基础设施控制器 API 企业模块为代表的 Nexus 9000 系列交换机及升级版 NX-OS 系统的产品组合。2014 年 8 月，思科发布自己的 SDN 产品—ACI（应用中心基础设施，Application Centric Infrastructure）。ACI 与 APIC（应用策略基础设施控制器，Application Policy Infrastructure Controller）搭配，首次于 2014 年 7 月 31 日向客户发货。思科推出的 ACI 主要是基于思科硬件设备如 Nexus 交换机和定制 ASIC 商用芯片。思科的 ACI 是基于其收购 Insieme Networks 而推出的 SDN 产品，能使 SDN 部署更具整体性、可靠性和扩展性。

（三）超宽带技术研究持续推进，为数据传输提供支撑

传统的带宽已无法满足井喷式增长的数据传输需求，互联网新应用需要大带宽支撑才能有效运行。在此背景下，超宽带（Ultra-Broadband）应运而生。

2014 年，国外企业围绕超宽带接入网技术研发、超宽带骨干网升级与改造，以及超宽带下的云应用这三个主题，在超宽带固定接入、超宽带移动网络、高速光传输网络、智能云路由 IP 网络、灵动 IP 业务平台等方面取得了一定进展。

（四）产品和服务的综合集成与融合创新成为主流

2014年，在服务创新方面，通信设备服务创新的特点是结合新趋势的产品升级改进和拓展应用场景的技术研发愈发重要。ICT技术的综合集成和融合创新能力，成为产业发展的关键要素。

2014年2月，爱立信发布虚拟化网络应用及咨询和系统集成服务，使NFV初步实现产业化应用。据了解，爱立信的方案与服务基于开放式的电信级云执行环境，能支持更加高效的端到端解决方案和更灵活的部署。

2014年10月，诺基亚通信推出首款商用网络功能虚拟化（NFV）解决方案，将云技术应用到LTE语音等服务。

2014年11月，阿尔卡特朗讯根据扩展IP网络和业务的灵活性的需求，发布一套内容丰富的软件产品系列——虚拟业务路由器（VSR）。这是对阿尔卡特朗讯现有硬件路由产品线的强有力补充。通过此次扩展，阿尔卡特朗讯为运营商以及大企业提供了高性能的路由器软件和定制的硬件设备，使其可根据性能需求和投资规模构建一个面向云时代的灵活网络。

第二节　发展特点

一、主要竞争市场和产业重心由发达国家向新兴市场国家转移

智能终端方面。2014年，全球智能手机全球市场人口红利消失，其中成熟市场的出货量同比增长率降至15%左右，远低于高峰时期的100%以上。目前，全球市场尤其是发达国家，销售动能下滑，增长日益缓慢，东南亚、南美洲、西欧、非洲等新兴市场，增长率仍然保持较高数值。其中印度市场人口红利优势明显、用户需求量大，增长速度是发达国家的数倍以上，成为各国智能终端企业扩大出货量的关键。

通信网络方面。全球4G网络建设的加快给通信设备产业带来新的发展机会。欧美市场等发达国家的LTE网络部署已接近成熟，增长空间不大。伴随着中国、印度等新兴国家在信息技术领域的发展，其巨大的市场潜力日益显现，逐渐成为通信设备产业的核心竞争市场和产业重心所在地。全球主要通信企业纷纷将战略重点慢慢延伸至这些新兴国家。Juniper Research预计，在中国移动的推进下，将会有超过8亿用户升级到4G LTE网络。这种转移对全球通信设备市场已产生一

定洗牌效应，并将对企业未来发展产生决定性影响。

二、服务对产业发展驱动作用开始超越技术

在传统电信业务为主的时期，技术驱动是通信设备行业发展的原动力。但伴随着融合通信、OTT 应用等新业务的出现，孤立的技术创新已经不足以支撑通信产业的变革与发展。在硬件技术趋同的情况下，应用服务等增值业务成为企业的发展重点。"产品＋服务"模式越来越受到重视。例如，爱立信在 140 个国家有 2.4 万专业服务人员，其 2014 年收入中，包括管理服务、支撑方案在内的其他业务收入占比提升到了 50%，与网络设施收入相当。诺基亚服务业务发展更快，收入占比达到 51%。阿尔卡特朗讯服务收入占比也达到 33%。

三、主要企业纷纷转型，展开新一轮深层次竞争

2014 年，通信设备厂商积极拓展新领域，其中软件定义、5G、云计算、企业市场等成为大多数厂商的共同选择。

不同的通信设备厂商选择了不同的转型道路。爱立信退出手机和芯片市场，加大了在 IP 网络、云、电视与媒体、行业与社会、运营支撑解决方案 / 业务支撑解决方案等领域的投入。华为兼顾运营商、企业级、消费市场三个领域，对于 5G、软件服务、视频多媒体等领域也有所覆盖。诺基亚选择无线、软件定义网络、电信云和网络安全等领域作为重点发展方向。阿尔卡特朗讯继续实施"转型方略"，专注于 IP、云和超宽带技术领域，在产品线和运营方式等方面深化变革。中兴通讯以"走出传统电信业的限制"为指导，大力提升终端业务以及政企网业务在公司内部的地位。

四、信息技术对通信设备产业的改造效应日益显著

当前，运营商对业务的集成和服务的整合的关注度日益上升，原因包括用户数增速放缓、客户对服务质量要求提高、竞争成本增加、收益下降、利润点转移等。而创新应用的趋势已经驱动运营商开始以用户体验为核心，注重提供以网络技术和网络应用为基础的创新增值服务，这对通信设备提出了新的要求，即 IT 和 CT 设备的进一步融合，计算存储资源与网络资源结合日益紧密，通信设备产业基于网络优势向云计算、大数据等领域延伸，构建 ICT 产业综合竞争力。

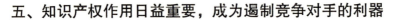

五、知识产权作用日益重要，成为遏制竞争对手的利器

通信设备产业竞争出现白热化，知识产权在企业发展中的战略地位日益重要。近年来，苹果与 HTC、三星、爱立信等企业之间大打专利战。2014 年，苹果指控三星 5 项与 iPhone 特色软件有关的专利侵权，索赔 20 亿美元专利费。我国手机厂商小米、一加也由于自身专利匮乏，于 12 月份在印度市场遭遇爱立信、Micromax 的专利诉讼，并一度被禁止销售手机产品。此外，国内许多中小企业也遭到诺基亚等的专利诉讼。全球范围内的专利纠纷案件频繁，表明知识产权已经成为通信设备企业打击竞争对手的有利武器。

六、技术创新速度持续加快，新产品、新服务、新模式层出不穷

2014 年，智能终端产业主流技术发展迅速，其中处理器行业技术已迈入后摩尔时代。从产业链角度看，操作系统和应用程序的升级频率加快，芯片向多模多核发展，屏幕尺寸向 6 英寸以上普及，蓝宝石屏幕材质、曲面显示、指纹识别和移动支付、旋转摄像头、多样化 App 等技术开始应用。

第六章　家用视听行业

第一节　发展情况

2014 年全球经济整体呈现温和增长态势，其中美国经济强劲复苏，欧元区经济弱势依旧，而日本经济前景依然堪忧，新兴经济体经济增速普遍下滑。在此背景下，以电视为主体的全球家用视听产业保持平稳发展态势，产业规模持续扩大，技术创新活跃度继续提升。

一、产业规模

2014 年，受大型体育赛事的激励、新兴市场升级换代需求强劲的影响，全球电视产业规模稳中有升。据市场研究机构 WitsView 报告显示，2014 年液晶电视总出货量为 2.15 亿台，年增长率为 5.4%。促使 2014 年全球液晶电视市场比较活跃的原因主要有：北美市场经济复苏，大尺寸、高清电视产品促销的带动以及自 2007 年以来首波大规模的换机需求和智能电视出现大幅增长。

据未来咨询报告显示，2014 年全球主要区域彩电出货量均保持平稳发展。2014 年北美市场彩电出货量较为平稳，为 4000 万台。拉美地区由于很多国家完成了模拟信号的关闭，所以彩电更新换代需求较大，市场增长较为迅速，出货量为 3200 万台，同比增长 17%。欧洲市场电视出货量超过 5700 万台，其中西欧增长 2%，东欧与 2013 年持平。亚太地区表现比较抢眼，一些新兴市场增长较为显著，2014 年电视出货量为 8800 万台，预计 2018 年将达到 1 亿台，这期间将保持 4%的年均复合增长率。

从全球液晶电视市场份额来看,韩系品牌以 37.7% 稳居排行榜首位,其次是中国品牌占 24.3%,日系品牌占 10.2%,美国品牌占 3.4%。

表 6-1　2014 年全球液晶电视市场份额排名

排名	企业	2014年占全球市场份额
1	三星	22.8%
2	LG	14.9%
3	索尼	6.8%
4	TCL	6.1%
5	海信	6%
6	创维	4.8%
7	康佳	3.9%
8	长虹	3.5%
9	vizio	3.4%
10	夏普	3.4%

数据来源:WitsView,赛迪智库整理,2015 年 3 月。

二、产业结构

据国际咨询机构 Displaysearch 数据显示,2014 年智能电视出货量达 7600 万台,渗透率达 36%。从 2012 年至 2014 年,全球智能电视年均增速达到 30% 以上。

表 6-2　2012—2014 年全球智能电视发展情况

年份	出货量（万台）	同比增长（%）	智能电视渗透率（%）
2012年	3556	15	27
2013年	5690	60	37
2014年	7600	34	36

数据来源:DisplaySearch,2015 年 2 月。

从电视产品尺寸需求看,大尺寸电视更受消费者热捧。2014 年 LCD 电视的平均出货尺寸增加了 5%,达到 39 英寸,比去年扩大了 1.5 英寸。据 Displaysearch 公布数据显示,2014 年全球液晶电视 40 英寸及以上电视销量占比达到 50.7%,首次突破 50%,这也意味着 40 英寸以下电视已经失去市场主导地位。另外,30 英寸级的电视机仍然占了很大比例,达到 35.8%,20 英寸为 13.6%,40 英寸至 50 英寸电视比重达 33.7%,50 英寸及以上电视比重达到 17%。

另据市场研究公司 ABI Research 预计，2014 年全球付费电视市场规模扩大了 5%，用户总数超过 9.24 亿人。其中增长幅度最大的是 IPTV，增长率将达到 14%，紧随其后的是卫星电视平台，增长率为 7%，而有线电视和地面电视平台的增长率将下降到 3% 左右。在市场区域方面，亚太和拉美市场是全球有线电视市场增长的主要区域，2014 年新增加用户人数超过 1300 万人，而北美有线电视市场用户人数大约减少 1%。

三、产业创新

2014 年，新型显示技术演化为多元化发展态势。LCD 电视主流地位未发生改变，在此基础上强化产生的 ULCD 和量子点电视发展迅速；超高清电视渗透率快速提高；激光投影显示技术取得一定突破，高端高价局面短期难以改变；OLED 技术瓶颈仍未突破，商业化应用步伐放缓。交互技术中语音、体感控制进一步发展，符合人体操作习惯的便捷化遥控器和手机应用控制成为改进热点。智能电视新品层出不穷，产品形态更加多元，曲面电视、激光电视等新型产品得到快速发展。

表 6-3　全球彩电领域典型产品一览表

企业	主要创新成果	主要特点
三星	量子点电视	三星量子点技术使电视亮度有效提升30%—40%，同时背光源色彩转换效率也大幅度提升，色彩更亮丽，纯度是普通LED电视的2倍，并具有节能环保等特点。
	曲面ＵＨＤ电视HU9800	拥有全球最大曲率，能够有效减少图像失真。采用4核处理器，支持3840×2160分辨率显示。集成4K锐芯图像引擎和Up-scaling画质增强技术。
LG	LG webOS	webOS智能电视系统，操作简单流畅，至真4K顶级画质，外观延续中国风格设计。
	LGEC9700 OLED	面向中国市场的首款65英寸4K曲面OLED电视，搭载WebOS操作系统，4K图像处理引擎，能对非4K画面进行优化，HEVC超清解码器则可以提升视频压缩效率，还支持不闪式3D。
海信	激光电视影院	海信VIDAA MAX激光电视有100英寸大屏幕，1920×1080分辨率，NTSC色域达到82%。主机采用超短焦激光镜头，同时可高亮度保持25000小时。配备电视播放能力，拥有5.1以上专业音响设备，并具有智能电视的系列功能。
长虹	CHiQ电视	配有4核处理器、2G内存、搭载最新安卓系统、配备4K超清屏甚至曲面的显示技术和杜比音效技术。电视图像、色彩、声音设置等所有的功能在手机上都可以实现。该产品更倾向于移动端的交互，更符合移动端的交互习惯。

（续表）

企业	主要创新成果	主要特点
乐视	超级电视X50 Air	采用4K面板，支持3D，配备4核1.5GHz CPU，4核GPU，搭载LetvUI3.0智能操作系统，以及首创的超级社交遥控器、体感摄像头和智能电视应用市场等。
小米	小米电视2 MIUI TV	拥有4K超高清屏幕，采用基于Android开发的MIUI TV操作系统。特别是具有无须等待1秒开机、输入源一触即播以及强大的本地视频播放能力等一系列人性化功能设计。
海尔	AL88系列智能电视	联合阿里推出的此款电视主打购物功能，采用阿里OS系统，超窄边设计，并运用首创的4K宽频引擎技术，能有效解决RGB4K屏幕亮度低及色彩饱和度不够的问题。
创维	GLED电视	色域广度达到了100%NTSC，显示效果更加细腻逼真；核心芯片采用具有国家自主知识产权的14核极速处理器，性能大幅领先于市面上的传统智能电视。
	四色4K UHD电视	通过像素色彩校准技术增加白色子像素让色彩更丰富和透光率更高，同时在4K图像处理引擎、4K极清频道、4K高清片源、4K影院音效等方面取得了革命性的创新与突破。
TCL	首款量子点电视	是中国电视行业首个正式量产并公开销售的量子点电视。经国家广播电视产品质量监督检验中心检测TCL量子点电视的色域覆盖值达110%，远超OLED电视的100%。

数据来源：赛迪智库整理，2015年3月。

四、主要国家状况

（一）韩国

依靠战略投资和持续创新，在品牌市场、整机、面板、存储芯片等产业链关键环节上形成显著优势，特别是全产业链的深度垂直整合能力较强，整体市场活力和竞争实力领先全球。以三星、LG为代表的韩国企业近年来均位居全球彩电市场份额前两位。据WitsView数据显示，2014年韩系品牌全球彩电市场份额达到37.7%，其中三星、LG分别为22.8%和14.9%。

（二）日本

日本企业在整体实力规模，特别在核心技术、产业链高端资源的掌握以及长期积累起来的品牌价值方面具有显著优势。但受到国内经济衰退和市场激烈竞争影响，日本彩电产品全球市场份额逐渐被中、韩企业所蚕食，市场占有率持续萎缩。据WitsView数据显示，2014年日系品牌电视全球市场占有率仅为10.2%，低于韩系品牌电视27.5个百分点，低于中国品牌电视14.1个百分点。日系彩电已经全线衰落，松下、东芝、夏普相继宣布出售位于国外的生产工厂。未来日本企业的战略重心将集中于技术研发环节。

（三）美国

凭借全球领先的技术创新水平和基础实力，美国电视生产企业在芯片架构、操作系统、应用软件方面具有明显优势，特别在生态系统构建、平台运营管理等软实力方面实力突出。谷歌率先开发智能电视，苹果智能电视一体机虽未面世仍引起业内广泛关注。谷歌 Android 系统已经成为智能电视操作系统的主流，ARM架构占据智能电视芯片 95% 以上份额。

（四）中国

中国作为全球最大的彩电产业生产基地，拥有日益完善的彩电工业体系，已经形成以 TCL、长虹、创维、海信、康佳、海尔为代表的具有一定竞争实力的彩电企业。近几年中国企业的全球彩电市场份额稳步提升。WitsView 数据显示，2014 年，中国品牌液晶电视发展进一步提速，国内彩电企业份额有不同程度上升，TCL、海信、创维、康佳、长虹均进入全球前十位，其中 TCL、海信上升最快，已位列全球第四、第五，市场占有率分别为 6.1% 和 6%。

第二节　发展特点

一、智能电视、4K电视成为全球彩电行业的重要增长点

全球彩电行业在经历了十年的快速增长后，于 2012 年首次增速出现下滑。2014 年全球彩电继续保持低速增长态势。据市场研究机构 WitsView 报告显示，2014 年液晶电视总出货量为 2.15 亿台，年增长率为 5.4%。在彩电全球市场需求低迷的背景下，智能电视、4K 电视却逆势上扬，高速增长，成为全球彩电行业的重要增长点。智能电视能够满足用户多样化和个性化需求，是对彩电原有应用模式的重要变革，并有望成为家庭互联网发展的核心，成为全球彩电业公认的重要发展方向。国际咨询机构 Displaysearch 数据显示，2014 年智能电视出货量达7600 万台，渗透率达 36%。2014 年另一亮点无疑是 4K 电视。据英国市调机构未来咨询发布数据显示，2014 年全球 4K 超高清电视出货量超过 1160 万台，增长幅度预计达到 700%，预计 2018 年全球 4K 电视出货量将达到 1 亿台。未来智

能电视、4K 电视将成为推动全球彩电行业发展的关键发力点和支撑点。

二、技术竞争呈现多元化发展态势

2014 年，彩电行业新技术、新概念快速涌现，曲面 OLED、量子点（QLED）、ULED 等新名词几乎相当于过往 5 年的总和。量子点、柔性显示、超高清显示、激光投影显示、OLED 等技术的快速发展使显示效果显著提升。2014 年量子点电视成为发展新热点，在 TCL 率先在全球推出量子点电视后，三星、LG 等厂商均在量子点电视上开始发力。曲面电视是 2014 年的又一颠覆性作品，它不仅颠覆了电视的外观形态，更是显著改善了观看的舒适度，曲面电视将成为未来家庭的主流选择。2014 年曲面电视全球出货量达 180 万台。2014 年激光投影显示技术也日趋成熟，成为大屏幕电视的优良替代方案。新型人机交互技术在语音、手势、体感的基础上，不断探索手机和可穿戴设备等控制方式，使交互应用更为灵活。这些技术与产品的快速迭代和更新不但能够带给消费者更好的体验，同时也为产业发展提振信心。

三、市场竞争重心由产品竞争向生态竞争过渡

全球电视市场竞争不断加剧。产品和服务的竞争已经无法实现企业保持垄断竞争优势的长远目标。只用拥有完整产业链的企业才能够更准确地把握市场节奏，采取更加灵活的市场手段占据竞争的制高点，而其他厂商由于产业链环节缺失，技术或产能受制于人而只能被动适应市场状况。生态圈建设已经成为各大厂商布局的焦点。三星、LG、苹果等国际科技巨头在电视领域深入产品创新的基础上，在生态体系建设方面进行前瞻布局，进一步巩固其优势地位。谷歌在不断优化安卓系统的基础上，通过打造智能家居系统，使电视成为家庭互联网的重要核心；苹果推出 Homekit 平台，联合不同类型厂商并结合已有 iOS 系统，构建灵活便捷的家庭互联操作新模式；三星推出自主 Tizen 操作系统的智能电视及其他终端产品，建立 SmartHome 体系。LG 电视高端机型的操作系统从安卓更换成为 webOS，希望通过操作系统和相关的互联网服务打造自己的生态圈，增加用户的黏性，同时也可以跟其他设备，如手机、空调、冰箱、洗衣机等设备一起联合打造智能家居的概念。跨国公司在关键核心领域的把控以及生态体系建设方面的布局，为其竞争优势的扩大奠定了坚实地基础。

四、日系彩电衰落，中韩竞争更趋激烈

2014 年全球彩电市场发生了巨大变化。据 WitsView 数据显示，2014 年全球液晶彩电市场日系品牌仅占 10.2%，韩系占比高达 37.7%，中国企业则占 24.3%。市场数据已经充分显示日系彩电全线衰落，市场份额被大量蚕食。2014 年东芝公司初步决定停止生产电视机，其在印尼的电视机生产厂和埃及的合资工厂将被出售。夏普决定出售位于墨西哥的电视机工厂，该工厂生产的液晶电视主要销往北美市场。松下公司宣布将关停其在中国山东的生产工厂，而在 2013 年，松下关闭了在上海的工厂。在日系衰退的同时，韩系彩电则高歌猛进，市场份额大幅增长。数据显示，三星已经连续 9 年位列全球市场销量第一，2014 年出货规模约 4800 万—4900 万台，较 2013 年成长 14.5%，而 2015 年三星电子的液晶电视出货目标上升到 5800 万—6000 万台。与此同时中国彩电竞争力迅速提升，在 2014 年全球液晶电视市场份额前 10 品牌中，中国企业占据了五席，成为韩系彩电最强的竞争对手。而在 2013 年，日本共有四家企业进入前 10 阵营，当时中国的彩电企业仅三家。在日系品牌逐渐淡出市场竞争之后，中韩彩电之间的竞争将更加白热化。但目前中国彩电品牌主要集中在中低端市场，而在高端市场与韩系品牌在技术上还存在较大差距。随着中国彩电厂商加速互联网、智能化转型，技术创新步伐逐步加快以及国际化进程逐步深入，在日系品牌逐步退出市场之后，中韩品牌将不可避免地在中国市场以及全球市场展开激烈竞争。

第七章 平板显示行业

第一节 发展情况

一、产业规模

受电视平均尺寸增加，大屏手机、车载显示和公共显示迅猛发展的拉动，近年来全球新型显示产业保持了持续增长态势。2014年全球新型显示产业销售收入超过2000亿美元，其中面板产值超过1300亿美元。

2014年新型显示面板出货面积为1.69亿平方米，同比增长9%。据IHS DisplaySearch预测，从2012年开始新型显示面板需求面积的复合年增长率（CAGR）预计将达5%，到2020年增长至2.24亿平方米。2014年平板显示行业大尺寸显示器继续盛行。推动平板显示器件平均尺寸迅速扩大的原因主要有四点：一是消费者对大尺寸LCD电视的需求，二是5英寸以上智能手机需求的急剧增长，三是车载显示屏幕的扩大，四是平板电脑屏幕的扩大。据IHS DisplaySearch预测，2015年平板显示器件主要应用产品显示面板面积的年增长幅度将为5%，比2014年的9%有所下降。增长放缓的主要原因是部分FPD产品已趋于成熟，同时LCD电视和智能手持设备的大尺寸趋势也有所放缓。随着LCD和OLED面板厂商发布新的电视面板尺寸，消费者可以对大尺寸电视有更多选择。智能手机方面，在中国市场和发展中国家，大屏幕的发展引发了人们对高分辨率、长电池寿命以及使用习惯变化的需求。

2014年，中小尺寸平板显示市场整体出货量，包括TFT-LCD、AMOLED和主动式电子纸显示器（AMEPDs），增长了约8%（达到了25亿片）；不过，随着多功能智能手机在全球市场的不断渗入，数码相机、便携式游戏设备、便携式音乐播放器、摄影机和其它设备的需求逐渐下降。IHS DisplaySearch 研究表明，移动手机面板出货量比 2013 年增长 10%，中小尺寸平板电脑面板出货量增长 7%，车用显示器面板的出货量增长了 33%，约为 8730 万片。

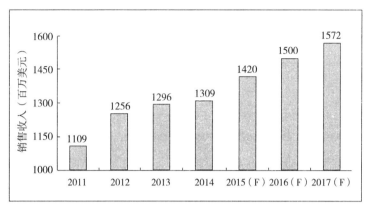

图7-1 2011—2017年全球显示面板营业收入

数据来源：赛迪智库，2015 年 3 月。

二、产业结构

2014 年，等离子显示技术（PDP）逐渐退出市场，三星电子旗下的显示面板厂商 SDI 公司宣布，将在年内关闭等离子面板的生产，松下也决定退出等离子电视面板业务，出售旗下位于大阪府茨木市的工厂。三星和松下的推出，彻底宣告了等离子面板的退市。

AMOLED 技术的应用逐渐拓宽，产业影响力明显加大。2014 年，三星推出 10.5 英寸或 8 英寸的 AMOLED 屏幕平板电脑实现在平板电脑上的应用，中国大陆企业在 AMOLED 产线建设方面取得突破，京东方鄂尔多斯 5.5 代 AMOLED 产线，和辉光电 4.5 代低温多晶硅 AMOLED 产线均已实现产品出货，并加速进入量产期。日本的索尼、松下与日本创新网络公司（INCJ）、日本显示公司（JDI）宣布将建立一家新公司 JOLED。JOLED 资本额为 81 亿日圆，INCJ、JDI、Sony 和 Panasonic 的出资比重分别为 75%、15%、5%、5%，是日本面板产业界近年来做出的最大的战略性投资项目。JOLED 计划于 2016 年下半年设置 OLED 面板的试产产线，目标为在 2017 年下半年正式量产使用于笔电、平板电脑的 OLED 面板。报导指出，JOLED 将采用松下的印刷式量产技术，主要将生产 10—20 吋 OLED

面板。

液晶显示继续引领平板显示产业发展。2014 年由于需求成长率快于供给成长率，整体呈现供不应求的状况。大尺寸方面，2014 年全球液晶面板出货量为 2.49 万片，同比增长 5%。电视面板尺寸方面，2007 年平均电视面板出货尺寸约略高于 30 英寸，但 2014 年平均电视面板尺寸达到 39 英寸，2017 年甚至将超过 40 英寸。从 2007 年到 2017 年这 10 年时间里，电视面板平均出货尺寸增加幅度达 10 英寸，这对于消化面板产能产生了巨大作用。从换机角度来看，2014 年仍未达到换机高峰期，预计下一波液晶电视换机潮将会在两年后出现，但少量换机需求已经提前出现，换机需求以智能电视、4K/UHD 等高分辨率电视为主，甚至包括曲面电视。2014 年，4K 面板产量达到 1200 万片，年增长率高达 600%。

小尺寸面板需求增加，主要原因有三点：一是智能手机和平板电脑的爆发，带来了中小尺寸 LCD 面板市场需求的大幅回升；二是 LTPS 与 AMOLED 等新型显示技术和产品应用带动了中小尺寸 LCD 面板呈现稳定增长；三是上一投资周期对于大尺寸面板投入过多而影响了中小尺寸的投入以及市场供给。随着智能手机和其它设备的功能区别越来越模糊，移动手机面板将继续引领中小尺寸平板显示市场增长。考虑到消费者对许多中小设备的需求越来越弱，车用显示器面板的需求增长将成为显示行业的亮点。

2014 年移动手机面板出货量（包括功能机和智能机）达 20 亿片，面板收入达到 12 亿美元。其中，基于 LTPS 和 Oxide 技术的面板出货量增长最为迅速，LTPS TFT-LCD 面板出货量从 2013 年的 3.37 亿片增长到 2014 年的 4.5 亿片，同比增长 34%，Oxide TFT-LCD 面板出货量则从 2013 年的 300 万片增长到 3700 万片，实现了 10 倍的增长。2014 年车用显示器销售额得到大幅成长，根据 IHS DisplaySearch 中小面板出货量和预测季度报告（Quarterly Small/Medium Shipment and Forecast Report）显示，2014 年，车用显示器销售额（不包括售后市场）比 2013 年增长了 26%，达 8.48 亿美元。而多功能打印机显示器收入增长了 148%，达 8500 万美金。

三、产业创新

随着产业进入成熟期，企业间的技术竞争逐渐取代产能竞争。4K×2K、超窄边框、高分辨率、硬屏技术（IPS/FFS）、高色彩饱和度、AMOLED 以及 LTPS（低温多晶硅）和 IGZO（氧化铟镓锌）等新型背板技术成为最具潜力的平面显示技术。α-Si（非晶硅）在未来相当一段时间仍将占据统治地位，但市场份额将逐步下降。

据 DisplaySearch 统计，2016 年 LTPS 和 Oxide 屏的总产量将提高 196%，占全部 TFT-LCD 产量的比例将从 2014 年的 6% 增加到 14%。LTPS 和 Oxide 屏不仅提升了 TFT-LCD 面板的分辨率，同时对色彩表现能力也有很大的提高。在液晶显示关键性能提升方面，量子点技术正在成为继 4K 以后高附加值显示产品的新竞争核心，并且对 AMOLED 技术的快速普及产生冲击。

2014 年，为提高 LCD 电视市场的消费者价值，各大企业纷纷推出曲面屏幕或者采用 QD 技术的 4K 超高清（UHD）增强型彩色液晶电视。虽然 LCD 技术毫无疑问地统治着电视领域，但为了带来更多附加价值。各大企业仍然继续创新。随着电视内容越来越丰富多彩，4K 超高清电视的推出势必将掀起新一轮技术创新热潮。

曲面电视是发展热点之一，但其增长潜力有限，将在短期内达到顶峰。IHS DisplaySearch 预测，2014 年曲面电视的出货量将达 180 万台，而 2016 和 2017 年则将达到出货量巅峰 820 万台。由于西欧消费者热衷于独特的设计，而且电视市场份额主要由三星占据，IHS DisplaySearch 分析师预测，西欧将成为曲面电视的主要市场，2016 和 2017 年的出货量将达 260 万台。

量子点技术则是液晶行业用来创造更真实画面的一项创新技术，它非常接近人眼的完整可视范围。广播公司正在最后确定超高清电视的播放内容，但可以肯定的是他们想要为 UHD 画质提供更多的电视内容，而不仅仅是像素的提高。不论一个人的视觉敏锐度如何，更丰富的色彩都适用于任何尺寸的屏幕，而且产生的微妙阴影更能增加画面的真实感。量子点技术是 LCD 行业对 OLED 技术挑战的一次回应，同时它也证明了 LCD 行业技术仍有创新空间。IHS DisplaySearch 最新研究表明，为了提高 LCD 电视市场的消费者价值，2015 年采用 QD 技术的 4K 超高清（UHD）增强型彩色液晶电视将得到大量增长，全球出货量预计将达 130 万台。到 2018 年，QD 电视出货量将增至 1870 万台。

表7-1　平板显示产品几大应用的发展方向

应用	发展方向
液晶电视	4K，8K，超薄机型，窄边框，更广的色域和更高的动态对比展现的更好画质，面板厂商发布的新尺寸，新的智能电视平台。
智能手机	三星高分辨率，薄机身设计，窄边框，丰富的生态系统，元件集成化。
移动电脑	高分辨率，随着AMOLED的引入，显示屏幕性能更佳，逐渐进入商业和教育市场。
车载显示	更好的用户人机界面和触控性能，越来越多的混合动力和电子汽车开始配备更大尺寸更好的屏幕，完整的仪表板数字化，对大尺寸中央信息显示器（CIDs）需求的增加，以及智能车中高级辅助驾驶系统（ADAS）的引入。

数据来源：赛迪智库，2015年3月。

第二节　发展特点

一、大尺寸化带动产业持续增长

受智能移动终端快速发展、液晶电视大尺寸化的带动及产业周期性景气的到来，全球显示产业呈现平稳增长态势。需求方面，液晶电视面板继续向大尺寸方向发展，中国手机市场快速崛起和苹果手机热卖带动中小尺寸面板需求进一步增长。AMOLED面板在平板电脑和电视的渗透率逐年提升，等离子面板则逐渐退出市场。2014年全球平板显示产品需求为12320万平方米，同比增加6%。预计到2017年，全球平板显示产品需求将达到14170万平方米。

随着LCD和OLED面板厂商发布新的电视面板尺寸，消费者对大尺寸电视的热衷持续升温，2014年LCD电视的平均出货尺寸增加了5%，达到39英寸，比2013年扩大了1.5英寸。同时，LCD电视尺寸的扩大也促进了收入增长，并可使行业以成交量加权定价，有助于稳定行业的整体价格。电视向大尺寸的转换也导致了4K LCD电视需求的增长，IHS DisplaySearch预测2015年4K LCD电视出货增幅将超过50%，达到3200万台以上。为迎合大尺寸风潮，同时受限于产能增长有限，面板企业开始控制电视面板出货量;将重点转移到大尺寸面板方面。例如，友达逐渐减少39英寸面板产量，开发了50英寸和55英寸产品，并逐渐提升产量占比。为增加大尺寸面板产量，不断提升其8代线产能，目前已扩大至每月15000片。夏普为充分利用10带面板线产能利用率，一方面增加了最佳分割尺寸60英寸大尺寸面板的产量，另一方面积极开发120英寸超大尺寸面板并投向市场。

智能手机方面，大屏幕的发展又引发了人们对高分辨率、长电池寿命以及使用习惯变化的需求。苹果（Apple）、惠普（HP）、联想（Lenovo）、宏碁（Acer）、华硕（ASUS）和其他移动电脑品牌已开始推出更大尺寸产品。新的操作系统和可转换的外观导致笔记本电脑显示面板尺寸不断增加。

二、发展重心加速向中国大陆地区转移

全球平板显示产业的发展重心正在向我国转移，我国大陆已经成为全球平板显示产业新的投资热点地区。2014年全球平面显示器生产资本支出，中国约占七成以上。随着中国大陆地区高世代线建成之后，与境外企业的差距将逐步缩小，境外企业为了继续保持在中国大陆地区的市场份额，竞争策略必将做出相应调整，一方面加强与中国企业的合作，通过输出技术置换市场；另一方面积极向中国大陆地区实行产业转移，通过在中国投资建厂，设立生产基地，贴近中国终端产品厂家，在国内市场与本土企业展开竞争。

在需求方面，中国新崛起的手机品牌成为平板显示产业增长点的主要推手。一直以来苹果公司iPhone手机使用LTPS面板作为显示器件，是LTPS及Oxide手机显示器面板的最大出海口，2014年，小米、华为、Oppo、联想、步步高及其他中国手机品牌快速崛起，高端机型市场占有率逐步提升，对全高清（FHD）面板的需求大幅度增加，对LTPS和Oxide液晶面板的需求仅次于苹果和三星。为适应国内手机企业对高端面板的需求，国内面板企业持续加大LTPS产能的投资，LTPS液晶面板产能快速增加，2014年，共有包括友达在昆山的6代线、京东方在鄂尔多斯的5.5代线及成都的6代线、华星光电和天马在武汉的2条6代线、天马在厦门的5.5代线和6代线，以及富士康在成都的6代线进行生产。预估2016年底，全中国将至少有6座6代线及1座5.5代线开出LTPS产能。

为了扩大产能，中国企业积极购买平面显示器件生产设备，而且这种趋势仍将继续。2010年，中国厂商在平板显示器生产设备上的花费仅占全球的22%，但此后这一比例不断增长，预计2014及2015年将超过70%。过去五年中国平板显示产能增长的复合年增长率为51%。2010年中国平板显示产能不到全球的4%。然而，随着中国不断新建大型LCD工厂，预计到2015年中国平板显示的产能将占全球21%以上。产线建设方面，2013年以前，几乎所有的中国大陆平板显示

生产设备支出都集中在 a-Si TFT LCD 工厂，产品主要用于显示器和电视。不过自 2013 年开始，中国平板显示生产商正试图迅速地向高端、高增长的 LTPS（低温多晶硅）TFT LCDs 和 AMOLEDs 产品拓展，以供智能手机和平板电脑应用。

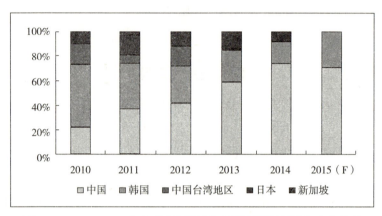

图7-2　2010—2015年全球主要国家和地区新型显示设备支出情况

数据来源：DisplaySearch，2014 年 8 月。

三、配套产业垄断性日趋明显

目前，全球平板显示配套材料主要集中在日本、韩国、中国台湾以及欧美等国家和地区。其中，日本在平板显示上游材料和零组件方面占据较大优势，在上游关键配套材料方面日本企业占据绝对主动权。虽然近年来日本在面板生产方面已经逐渐落后，但是凭借在关键配套材料领域的话语权，日本在全球平板显示产业格局中仍然占据重要地位。

韩国在平板显示产业处于领导者地位，不仅在面板的技术和产能方面具备优势，而且通过与国际企业合作以及国内龙头企业带动产业链上下游合作，近年来韩国在配套材料的完整度和先进性方面也逐渐后来居上。韩国企业在偏光片、OLED 材料等方面已经具备国际先进水平。

中国台湾地区通过产业集群发展以及与日本企业建立紧密联系，在配套材料方面也已形成较为完善的产业链。同时，凭借在集成电路设计业的优势，中国台湾地区在驱动 IC 方面具备较强实力。

经过几次产业转移，欧美等国家和地区基本已退出平板显示面板制造行业，仅保留了利润高、垄断性强的独占性配套行业，在玻璃基板、液晶材料、

AMOLED 材料等方面具备很强的竞争实力。

表 7-2　平板显示关键材料地区分布

地区	代表配套材料	代表企业
日本	基板玻璃、偏光片、光掩膜板、液晶材料	旭硝子、电气硝子、日东、住友化学、SKE、JNC、出光
韩国	偏光片、AMOLED材料	LG化学、三星、Lusem
中国台湾	驱动IC、偏光片	联咏、瑞鼎、奇景
欧美	基板玻璃、液晶材料、AMOLED材料	康宁、默克、UDC

数据来源：赛迪智库整理，2015 年 3 月。

四、龙头企业建设重点分化明显

为了在愈加激烈的市场竞争中占据优势，全球各主要面板企业开始根据自身优势，选择性的进行重点市场开拓，以期取得更大利润。

2014 年，韩国面板企业共占据全球面板出货量的 49.6%。为保持在 AMOLED 产业的优势，LGD 和三星加大产线投资规模，联合产业链企业提高韩国面板企业的核心竞争力，垂直整合造就韩国企业在 AMOLED 产业的绝对优势。为提升 AMOLED 电视面板生产产能，LG Display 将部分 8 代线工厂 a-Si 产线的产能调整为 Oxide 背板技术。另一方面，新建成的广州 8 代线 2 期工程也进入建设阶段，以弥补对大尺寸电视面板的产能需求。为适应市场需求，LG Display 提升了 40 英寸、49 英寸和 65 英寸的大尺寸电视面板产量。三星显示在中国苏州的 8 代线工厂的产能提升计划也在稳步推进中，大尺寸规划中，由于与中国国内面板企业华星光电和京东方的紧密合作，三星在减少 32 英寸面板产量的同时，实行差异化生产战略，开发和扩充 40 英寸、48 英寸、55 英寸、65 英寸及更大尺寸面板生产。

中国台湾地区的企业则积极扩展新型显示应用市场，在车载显示、公共显示等方面扩大市场份额，同时通过积极占领 4K2K 市场，保持在显示市场的市场份额，2014 年中国台湾面板企业群创和友达的 4K2K 面板出货量占到全球市场的 50% 以上。群创在全球 4K2K 电视面板出货量名列第 1，LGD 紧随其后。群创面板通过持续提升 4K2K 面板比例获利，并且持续朝大型化发展，例如 84 英寸产品单月出货达 2000 至 3000 片，75 英寸单月出货上万片，主要出货给韩系及日系品牌。

友达光电因为产能限制，2014 年客户群聚焦在日本和韩国电视品牌厂商，产品以高端为主，所以其出货规模相对较小，2014 年 4K 电视面板的出货量只有 160 万片。

虽然日本近年来在液晶电视市场节节败退，但是自 2012 年由索尼、日立和东芝合并成立的 JDI 显示公司在中小尺寸市场却获得成功，特别是在车载液晶显示方面，Japan Display 在车载 TFT 液晶显示器出货量方面占据最大市场份额，达20%。2014 年更是集结 Sony、Panasonic 等日本企业所拥有的 OLED 成膜技术、氧化物半导体技术以及柔性面板技术等全球最高水准的 OLED 面板相关技术，并将融合 JDI 的面板技术，研发使用于平板电脑 / 笔电以及电子广告牌等用途的OLED 面板产品，目标为成为 OLED 面板的领导厂商。JOLED 计划于 2016 年下半年设置 OLED 面板的试产产线，目标为在 2017 年下半年正式量产使用于笔电、平板电脑的 OLED 面板。JOLED 将采用 Panasonic 的"印刷式"量产技术，主要将生产 10—20 吋 OLED 面板。

表 7-3　全球面板企业发展重心情况

国家与地区	重点企业	建设动向	面向市场
韩国	LGD	大尺寸AMOLED产线	电视、手机、可穿戴设备、AMOLED电视
	三星	中小尺寸AMOELD产线	手机、可穿戴
中国台湾	联创	LTPS LCD产线	车载显示、手机
	友达	LTPS LCD产线	手机、车载
中国大陆	京东方	LTPS、xide产线	手机、电视
	华星光电	LTPS产线	电视、手机
	天马	LTPS产线	手机、可穿戴、车载
日本	JDI	LTPS产线、AMOLED	手机、平板电脑、车载
	夏普	Oxide产线	电视、手机、车载

数据来源：赛迪智库整理，2015 年 3 月。

第八章 太阳能光伏行业

第一节 发展情况

一、产业规模

多晶硅方面，2014年，全球多晶硅产能约40万吨，产量约为28万吨，与2013年相比增长14.6%。其中，中国多晶硅产量达到13.2万吨，占全球总产量的47%；美国产量5.5万吨，全球占比为19.6%；德国5.1万吨，全球占比为18.2%。总体来看，中国在多晶硅领域的产业规模优势不断巩固。

图8-1 2008—2014年全球多晶硅产量情况

数据来源：赛迪智库整理，2015年3月。

电池组件方面，2014年，全球电池组件产能超过100GW，有效产能约65GW，产量约为50GW，与2013年相比增长24.6%。其中，晶硅电池组件46GW，占比为92%，仍占绝对优势；薄膜组件3.8GW，占比为7.6%。中国电池组件产量超过 35GW，占全球总产量比例接近 70%，仍是全球最主要的光伏产品制造国。

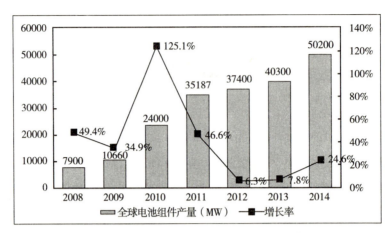

图8-2　2008—2014年全球电池组件产量情况

数据来源：赛迪智库整理，2015 年 3 月。

光伏应用方面，2014 年，全球新增光伏装机量约 43GW，同比增长 17.2%，其中中国 10.6GW、美国 6.2GW、日本 9GW、德国 2.2GW，累计装机量达到 180GW。中国仍旧是全球最重要的光伏市场，截至 2014 年年底，累计装机量达到 26.5GW。美、日两国受国内新能源激励政策推动，光伏应用市场较 2013 年也有较大比例提升。

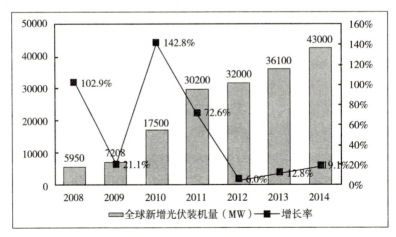

图8-3　2008—2014年全球新增光伏装机量情况

数据来源：赛迪智库整理，2015 年 3 月。

二、产业结构

总体而言，2014 年，国际光伏产业结构调整加快并日趋合理，产业进入深度调整期。

一是产能过剩现象仍然存在并将持续。截至 2014 年年底，全球电池组件实际产能已突破 100GW，有效产能在 60—70GW，而全球全年实际需求仅在 40GW 左右，产能过剩现象仍然存在。由于过剩产能主要是技术相对落后、经营管理水平不高、已丧失国际竞争力的低端产能，而技术、资金、品牌实力兼备的高端产能尚不足，因此该种过剩是阶段性、结构性过剩，并非绝对性过剩，随着产业发展不断趋于成熟，产能过剩问题有望得到有效解决。但考虑到电池组件生产环节技术集中度低，设备折旧周期长，落后产能不容易被市场快速淘汰，部分企业停产怠工、择机复产，因此上述产能过剩现象在今后一段时间内仍将存在。

二是企业兼并重组频发，推动落后产能加速退出。2014 年，国际光伏产业震荡调整，企业兼并重组频发。赛维 LDK 多个海外子公司启动破产程序；上海超日太阳能由于经营业绩不佳陷入困境，被上交所停牌数月后启动破产程序；天威保变宣布以债权人身份申请控股子公司天威硅业破产；四川新光硅业在长达两年的停产后宣布破产；台湾福聚太阳能有限公司在法院裁定其未能履行 9.4 亿新台币（3060 万美元）债券债务后，于 11 月申请公司重组；德国光伏企业 RENA、S.A.G.Solarstrom 以及逆变器制造商 Platinum GmbH 等申请破产保护；美国 Martifer Solar USA、光伏设备巨头 GTAT 公司等宣布破产。企业兼并重组频发，一方面使若干大公司在激烈的市场竞争中不堪重负而倒下，同时也推动了落后产能逐步退出市场，使光伏产业各环节产能向合理方向发展。

三是产业链上下游构成日趋合理。2014 年，随着全球众多生产经营情况不佳的光伏企业陆续倒下，产能缩水较为严重，一定程度上缓解了产能过剩矛盾，侧面推动了光伏产业的逐渐回暖。2014 年，全球多晶硅产量 28 万吨，电池组件产量 50GW，新增光伏装机初步估计在 45—50GW。照此看来，产业链上下游供需关系较为合理，行业库存量不高。从产能情况看，目前全球多晶硅产能约 40GW，产能利用率达到 70% 以上；虽然组件产能已超过 100GW，但有效产能约在 65—70GW，有效产能利用率也超过 50%；全年全球新增光伏装机初步估算在 40—50GW。与 2013 年相比，产能利用率有较大提升，产业不良资产比例进一步下降。多晶硅产能、产量与组件产能、下游装机量基本匹配，产能过剩现象进一步得到缓解，产业链构成日趋合理。

四是制造业成本控制推动产业转移加快。2014年，包括中国在内的多个主要光伏产品制造国的骨干企业，为节约成本和规避贸易壁垒，纷纷加紧将制造业产能向低成本地区（如东南亚）转移，加速了光伏产能的全球化布局。中国英利集团、汉能控股、中利科技等企业在泰国建新的生产基地；SunPower准备将其在菲律宾的工厂进一步扩产；印度也通过各项优惠措施，加紧吸引国外制造业企业向本国转移产能；中电光伏在土耳其加快建设组件生产基地，以满足当地的系统集成项目需求等。除此以外，非洲、南美等地政府也在吸引光伏制造业注资，光伏产业产能的全球化布局加快。

三、产业创新

2014年，光伏产业创新不断加快，在推动产业发展中的核心作用进一步体现。

技术创新方面。SunPower持续加强其高效太阳能电池技术研发，其IBC电池量产转换效率已达到24.2%，组件效率达到21%，第三代Maxeon电池量产效率已超过22.7%，X-Series组件平均转换效率达到21.5%，大幅领先行业其他主要企业技术指标。我国英利集团的"熊猫"电池技术，产业化效率也已达到20%以上，全球来看其技术已取得一定竞争优势。保利协鑫集团开展改良西门子法多晶硅冶炼技术改造，并加快硅烷流化床法多晶硅提纯技术的研发及产业化，预计将使其多晶硅生产综合能耗在现有的基础上再降低50%。汉能集团收购的美国Miasole公司和德国Solibro公司通过深入研发，已经使其CIGS薄膜电池技术基准效率达到14.4%，最高效率可达到15.5%以上，与晶硅组件相比还具有弱光响应好、度电成本低等优势。此外，中国、美国、德国、日本等主要光伏产品制造国的企业及研发机构等还在加紧开展多种新型电池技术、系统集成技术、丝网印刷设备、高纯银浆和铝浆等关键材料设备等的研发和技术改进，企业与研发机构、检测机构及标准化机构的联合进一步密切，产业协同创新对于行业发展的推动作用进一步增强。受此影响，2014年国际主要光伏企业多晶硅和电池生产综合能耗及产线投资较2013年下降约5%，单晶、多晶电池平均转换效率由2013年的18.8%和17.3%提升至19.3%和17.8%，光伏发电成本进一步下降，光伏系统集成项目建设成本降至每瓦9元以下，光伏系统建设成本回收期降至8年以下（含补贴，不含补贴约15年）。

商用模式创新方面。大型电站建设继续大面积开展，并受到国土面积较大的国家的青睐，如美国、澳大利亚、印度、巴西、南非、土耳其等国主要以大型光伏电站为主。由于大型电站对电网容易造成较大冲击，对并网条件提出了较高要求，部分国家通过采用将风电和光伏发电捆绑接入电网解决这一问题。而在国土面积较小或人口稠密地区，多采用分布式光伏应用模式，如德国、法国、意大利、西班牙等传统光伏市场，以及我国东部地区、日本等，补贴方式一般采用度电补贴。此外，2014年以来，其他多种商用模式的发展创新也很迅速，如 BIPV、太阳能路灯、太阳能供电通讯基站、电动车充电站、光伏车棚、光伏微网系统等。如英利集团建设的电谷酒店，有相当比例的用电通过外墙上安装的光伏组件供给。汉能集团将其在北京奥体公园中心的总部办公大楼外壁全部安装薄膜发电微网系统，不但增强了建筑美观性，也实现了节能环保的示范作用。随着市场多元化发展，光伏应用的模式创新还将进一步加快，应用模式呈现多样化发展趋势。

第二节　发展特点

一、制造业规模增速放缓，应用市场加速增长

2014年以来，全球光伏产业发展逐步回暖，光伏制造业规模稳步增长，全年多晶硅产量同比增长 13.8%，电池组件产量同比增长 19.9%；但另一方面，受光伏产业整体运行情况不佳影响，主要企业和金融机构对于产能扩张更加谨慎，加之部分运营不佳的企业相继减产、停产甚至倒闭，使得 2014 年全球多晶硅产能和组件产能与 2013 年相比并无太大变化，光伏制造业规模增速放缓，不过产能利用率有所提高，产业投资效益较 2013 年有较大改观。随着全球光伏产业发展趋于成熟，产业规模发展从早期爆发式扩张转为理性投资引导的合理发展，早期发展带来的结构性产能过剩问题有所缓和，高端产能进一步稳定优势、平稳发展，部分企业兼并重组意愿增强，产业结构调整和转型升级加快，推动低端产能逐步退出市场。

与此同时，2014 年，在能源危机和环境问题的压迫下，同时考虑到能源使用安全及应用潜力，光伏等新能源应用发展受到市场集中关注，除欧洲传统光伏市场外，美国、日本、印度及非洲、亚洲等多个主要国家和区域均抓紧布局本国或本地区光伏应用发展，推动全球光伏应用市场发展加快，新增光伏装机量继续

稳步增长。此外，考虑到投资安全及回报率，众多投融资机构也更为倾向于将资金注入光伏电站项目，而非早先的制造业项目，主要光伏企业为保证利润增长也纷纷向下游系统集成延伸，侧面推动了全球光伏应用市场的大幅拓展。

整体而言，2014年以来，光伏制造业发展逐渐趋于薄利平稳，大规模产业扩张的可能性已相对较低，而产业发展的重点和利润增长点正逐渐从传统的光伏产品制造转向光伏系统集成应用，预计未来这一趋势将更加明显。但同时，光伏制造业在光伏技术创新、推动光伏发电成本下降方面仍然发挥着重要的基础性作用，下游应用市场是产业技术创新的价值体现。

二、产业集中度不断提高，产业结构日趋合理

2014年以来，全球光伏产业继续回暖，骨干光伏企业经营情况有所好转，部分经营管理和生产技术水平相对较高的企业实现持续盈利，而部分技术相对落后、资金链紧张、管理运营不佳的企业效益衰退加速，部分企业兼并重组意愿增强，推动落后产能逐步退出市场。

截至2014年年底，全球多晶硅和电池组件产量分别达到约28万吨和约50GW，其中前10家多晶硅企业产量占比达到83.2%，由于产业发展情况好转，部分多晶硅企业复产，比例较2013年略有下降，但已稳定在80%以上；前10家组件企业产量占比达到50%，比2013年提高4.6%，产业集中度进一步提高，主要企业竞争优势进一步增强并不断巩固。由于骨干企业具有更强的品牌、资金、技术实力，这些骨干企业以开展市场为导向的全球化生产布局和尖端技术研发，从而推动产业逐步从低价同质化恶性竞争的泥潭中走出，市场竞争趋于合理化。

与此同时，在经历了前期产业盲目扩张和恶性竞争后，2014年，光伏产业同质化恶性竞争有所缓解，产品价格持续回升。但不少光伏产品专营企业在前期亏损运营中，资金链长期紧张，部分企业不堪重负而减产、停产甚至倒闭，其中也包括部分大企业。光伏产业部分产能的相继退出，使得各环节产能利用率得到大幅提升，全球来看，多晶硅和电池组件环节的平均有效产能利用率（产量与有效产能的比值）均超过50%，产业发展进入良性循环。再者，有效产能的缩水也使得产业链上下游环节的产业规模基本匹配，产业链构成趋于合理。

从区域上看，多晶硅环节的生产仍以中国、美国、德国、韩国为主，电池组件环节的生产目前以中国为主，欧美企业为节约成本，纷纷开始向东南亚等低制

造成本地区转移产能，而我国部分光伏企业为规避欧美"双反"措施，也开始向外转移产能，从而加速了我国光伏企业的全球化布局。

三、传统市场增速下行，应用市场向新兴区域转移

出于对光伏产业及其应用发展的乐观预期，世界各国对光伏等可再生能源的发展给予尽可能的支持，并通过政策引导和国家干预推动企业和主要研发机构加强技术创新，降低光伏发电成本。特别是在德国，由于近年来越来越多的国民开始质疑核电发展对于其国家安全会产生严重的负面影响，国家对于光伏等可再生能源的发展备加关注，已计划到2050年使本国的累计光伏装机量增至100GW到150GW，照此计算其光伏发电总量可占到全国用电总量的15%—20%。但与此同时，随着欧洲传统光伏市场光伏装机量的不断增加，电价补贴随装机量和价格变化的调整机制发挥作用，德国、意大利等主要光伏国家持续下调光伏发电补贴，又抑制了光伏应用市场的增长。在德国，按现在的用电情况计算，当累计光伏装机总量达到60GW后，新增光伏装机将不再享受电价补贴。

另一方面，亚非拉等新兴光伏应用市场发展迅速，全球市场占比不断提升。众多亚非拉地区发展中国家考虑到本国能源安全和后续发展，尽可能减少对石油进口及其他化石能源的依赖，必须尽快发展本国的可再生能源。鉴于光伏发电具有使用无差别、环保无污染、使用安全等特点，得到越来越多发展中国家政府的青睐，从而在相关地区得到大力推广应用。印度、巴西、古巴、泰国、澳大利亚等新兴市场，在本国政府的大力推动下，光伏应用不断拓展，市场增量不断提升，已成为全球光伏市场新的增长点。

光伏应用市场由欧洲传统市场向亚非拉新兴市场转移，导致相关金融资本和社会资源向相应地区转移，从而带动全球光伏应用的持续发展，培育了光伏产业持续发展的新增长点，特别是在全球进入低油价时代后，使光伏产业仍能够保持旺盛的活力而成为未来能源格局中的重要因素。

四、技术创新更加活跃，路线及模式多样化发展

目前，全球光伏产业发展日趋成熟，生产要素及管理运营成本不断提高，企业利润摊薄。应该注意到，适度的产能过剩是市场经济的本质特征，但在当前光伏产业结构性产能过剩形势下，低端产能竞争力低下但产能占比较高，高端产能

竞争力较强但产能不足，结构性产能过剩使光伏产业发展脱离了市场经济增长的正常轨道。在此情况下，技术创新成为企业获得核心竞争优势的直接手段。

2014年以来，全球主要光伏企业持续加强技术研发和商用模式创新，并加速向产业化和市场应用转化。一方面，企业通过加强技术创新在产品质量、生产能耗、发电成本等多个方面获得充分的比较优势，如英利集团开展"草根创新"激发全体员工创新活力并收取了数百项技术进步成果，SunPower与法国道达尔集团联合开展技术创新获得全球第一且领先行业水平3个百分点的电池转换效率，且相关技术迅速实现产业化并获得市场应用。与此同时，由于晶硅电池技术产业化效率逐渐逼近理论极限，欧美国家对于晶硅技术研发的投入逐渐降低，转而开展有机太阳能电池、新型电池、异质结电池等多种技术的研发，晶硅技术在全球产业的主导地位有所动摇，光伏技术路线将呈现多路并行的趋势。

另一方面，众多骨干电池组件制造企业积极向下游应用环节延伸，并加快开展商用模式创新。2014年，中国分布式光伏系统集成应用迅速开展，众多骨干光伏企业加快推进本公司承担的光伏应用项目建设；汉能集团等部分企业则看中了BIPV及柔性组件产品，在呼吁开展BIPV建设的同时积极推进柔性薄膜组件产品在日常生活中的应用；另有部分企业也开始入手将光伏系统集成应用项目与通讯基站、新能源汽车充电站、手机、电脑、移动电源等应用相结合，模式创新不断加快。上述因素，推动全球光伏应用模式逐渐实现多样化发展。

第九章　半导体照明（LED）行业

第一节　发展情况

一、产业规模

2014 年，受下游照明需求拉动，全球 LED 行业保持较高的发展增速，全球 LED 产值约为 137 亿美元，同比增长约 7.5%，LED 照明器件占 LED 应用领域的 65%。以 LED 使用量比重分布来看，2014 年照明应用占比达到 49.3%，较 2013 年增长 9.9%，其中，以公共照明市场中 LED 灯管使用的光源占比最高，达到 37.4%，其次，LED 灯管朝着平价化趋势发展，该类光源占比达到 32.5%。

综合对比近 7 年以来全球 LED 产业的发展态势可以看出，LED 产品在背光、照明两大领域的渗透率均有提升，这主要由于用户以及产业链下游企业对于 LED 照明效果及显示技术逐步成熟的认可。例如，2008 年，全球 LED 背光的渗透率仅为 16%，至 2010 年渗透率上升至 89%；2010 年大尺寸电视的 LED 背光源开始进入市场，初期的渗透率仅有 10% 左右，2011 年提升至 40%，到 2012 年，提升至 70%，2014 年已经达到在 90% 以上。与此类似，2014 年开始，在政策、降价的双重推动下，照明渗透率从 2008 年的 10% 快速上升，景气度不断向上，照明的亿万市场逐步打开。

二、产业创新

（一）净蓝光技术为解决 LED 蓝光危害问题提供捷径

2014 年，AOC 公司推出净蓝光（Anti-Blue Light）技术，率先开展对 LED 的发光磷粉进行 LED 背光的技术革新，从而在根源上解决了 LED 的蓝光危害。

AOC所改进的第二代LED背光液晶显示器通过改变蓝光强度峰值光谱分布，移除90%以上损害视力的短波蓝光，进而从硬件的角度解决了这一问题，显著降低了蓝光对用户所造成的伤害。

通过LED背光原材料的技术革新，实现了真正的硬件"净蓝"。相比现有的抗蓝光方法，AOC的第二代LED背光硬件净蓝技术拥有三大显著优势：一是净蓝光的效果更显著。相比30%—70%的抗蓝光技术，AOC的硬件净蓝技术能够滤除高达90%以上的致病蓝光。二是成本更低廉。相比动辄千元的防蓝光眼镜，硬件净蓝技术的实现成本不足1/10，而且能够用在各种LED背光设备中，易于普及的特性有助于进一步降低成本。三是画质损失几乎为零。相比时下有些显示设备通过OSD菜单降低亮度和色彩准确度来实现抗蓝光，AOC则在几乎不损失色彩准确度和亮度的情况下实现净蓝，从而让用户在降低健康危害的同时，享受显示设备至臻的色彩表现。

（二）基于钙钛矿材料的LED技术实现突破

2014年，剑桥大学、牛津大学和德国慕尼黑大学组成的联合研究团队提出钙钛矿材料的一个新应用领域：用于制备各种颜色的高亮度LED。该技术核心在于通过设计二极管结构，将电荷限制在非常薄的钙钛矿薄层中，创造了电子空穴捕获过程的条件，从而实现发光。

上述研究团队使用的是有机金属卤化物钙钛矿材料，含有铅、碳基离子和卤素离子，易溶于普通溶剂，干燥后形成钙钛矿晶体，其制备过程低廉、简单。钙钛矿LED的制备过程简易，可大规模制造。据预测，第一个商业化钙钛矿LED有望在五年内问世。

（三）新型热界面材料有效解决LED散热难题

美国研究人员通过电聚合过程使聚合物纤维排成整齐阵列，形成一种新型热界面材料，导热性能在原有基础上提高了20倍。新材料能够在高达200℃的温度下可靠操作，可用于散热片中帮助服务器、汽车、高亮度LED（发光二极管）中的电子设备散热。

新的热界面材料是利用共轭聚合物聚噻吩制成的，该材料可有效提升散热基材的硬度，且在室温下的导热率达到4.4W/m·K。该材料已在200℃温度下进行了80次热循环测试，性能依旧稳定；相比之下，芯片和散热片之间的热界面常用的焊锡材料，在回流的高温过程中工作时可能会变得不可靠。

三、产业格局

（一）欧洲地区：具有最高的应用普及范围和产品推广率

市场方面，由于欧洲地区对于环保的意识较为成熟，且欧盟最早提出的淘汰白炽灯的相关法律已经开始实施，各国政府在节能灯和 LED 灯的应用领域纷纷推出了补贴计划（补贴额达到了产品价格的 30%—55%），因此在全球领域，欧洲市场在 LED 照明方面的应用普及和推广率是较高的，目前在欧洲一些主要国家的超市已经开始大批量销售 10W 以下的 LED 灯泡及射灯类产品，欧洲照明巨头飞利浦和欧司朗早在 2008 年就开始在法兰克福照明展上大规模亮相其应用产品系列，并开始了市场渠道的建设和推广，早于中国 4 到 5 年，并在 2014 年开始推广智能照明产品。

企业方面，作为欧洲传统照明巨头的飞利浦和欧司朗已经于 2000 年前即投入巨资开始了 LED 照明基础技术的研究，其中欧司朗在白光 LED 用荧光材料方面一直具有领先优势，但欧司朗最近几年一直在市场上宣传其在印尼封装的白光灯珠，在通用照明产品领域的推广种类很少，并主要集中在室内球泡灯和模组类灯的推广上；飞利浦则携其资本的强大优势，在 LED 应用领域首先收购美国 lumileds 公司及其他具有技术优势的方案公司，在取得核心技术和相关专利后在中国大陆市场挖掘和寻找优质的代工企业做代工生产，并用极其严苛的标准以及庞大的订单为诱饵最大化压缩代工企业的利润。

（二）美国：在 LED 应用领域具有较强需求

市场方面，美国始终在 LED 照明领域保持观望态度，例如在各大市场和超市暂时还看不到 LED 照明应用产品上架和大规模的推广。但是，美国在电视机背光显示以及 LED 行业级应用方面需求量较大，因此，在应用创新方面，美国具有较强的优势。

企业方面，以美国 Cree 为代表的龙头企业紧紧抓住 LED 芯片的核心技术不停地在全球施行"专利换市场"战略，美国企业一方面以高达 70% 以上的利润率牵引中下游应用企业大量采购其产品；另一方面又牵头组织各种协会或联盟制定高门槛的技术标准，把中国大陆的生产企业作为他们未成熟技术的试验场。

（三）亚洲、日本、韩国和中国台湾地区：芯片技术全球领先

市场方面，日本于20世纪中国80年代提出超高亮度的LED蓝光技术。因此，从全球总体环境来看，日本对LED照明应用的热情极高，日本政府对LED应用的政策支持力度也非常大，随着近年政府强力推出"积分换购LED产品"计划，LED产品在日本市场的销售增长率一直遥遥领先于其他国家；由于韩国和中国台湾地区拥有较为成熟的半导体制造和研发技术，目前全世界70%的中高端LED芯片制造都是在该区域完成内的，而且日本日亚、西铁城、欧司朗、美国bridgelux、semileds等几乎大部分都是在台湾地区代工生产的。

企业方面，日、韩及中国台湾地区有大量的企业进入到LED产业链各环节的研发和生产之中。仅日本一个国家就有日亚、丰田合成、三菱化工为首的企业掌握了一流的芯片、荧光粉以及光学材料等技术，日本西铁城、夏普，韩国三星、LG等占据了封装产品的高端市场，而中国台湾晶元、亿光、齐力、光宝等数十家企业则成为了全世界最大的代工基地。

第二节　发展特点

一、成本和价格持续下降，产品性价比有效提升

2014年，全球LED照明产品呈现持续降价趋势。根据LEDinside数据，2014年9月份，全球取代40W和60W白炽灯的LED光源均价分别为14.10美元和18.20美元，同比分别下降12.96%和14.95%，降价幅度相较过去两年明显收窄。

在价格持续下降的同时，LED照明产品的成本也在下降。在价格与成本的双重利好下，LED照明企业有望维持较好的利润空间和现金流。探寻成本下降的原因，主要受益于光效的普遍提升，在同样照明强度下，LED芯片成本得以控制。例如，2014年Cree公司白光LED芯片光效突破231lm/W，创下历史新纪录。在产业链中下游环节中，LED封装引入COB等新技术以及散热性能更佳的封装材料，进一步提高了封装器件的发光效率，LED光源和灯具设计趋向一体化，设计水平优于传统光源，也为最终产品的成本控制做出了贡献。随着光效提升和价格下降，LED通用照明产品在性价比方面已经明显优于节能灯产品。考虑到节能效果，LED产品在2—3年即可收回高于节能灯的成本部分，其高达2万小时的寿命也使照明光源更换成本大幅下降。

二、关键技术日渐成熟，LED替代传统照明成为定势

随着白炽灯产品逐渐退出市场，LED 照明技术已经从商用走进了家用。2014 年，全球 LED 照明产品的渗透率明显提高，根据 TrendForce 估测，2014 年全年 LED 照明产品渗透率将提升到 32.7%，其中球泡灯及灯管渗透率分别达 20% 与 15%。

可以预计，伴随技术的进一步成熟，LED 照明产业必将成为未来电子信息产业新的增长点。从近几年德国法兰克福照明展中可以看出，LED 已经占据了展会的绝对优势地位，各种 LED 新品层出不穷。目前，全球半导体照明产业已形成美国、欧洲、亚洲三足鼎立的产业分布与竞争格局，其中亚洲以日本、韩国、中国为主。美国和日本在上游芯片设备领域处于世界领先地位；中国台湾地区在上游芯片和中游封装的实力也不容小觑；在欧洲，传统照明巨头飞利浦、欧司朗等均强势进入 LED 照明产业，为进一步拉升 LED 产品的市场空间提供了保障。

三、企业间联合发展愈加普遍，并购重组成为新常态

2014 年全球 LED 照明行业共有 66 家企业参与 LED 照明行业的"并购潮"，其中国外有 5 起并购重组案例，我国国内有 28 起案例。从 2014 年全球 LED 行业并购重组的案例分析来看，主要可以归纳出下几个特点：一是跨界或中上游企业利用并购进入照明领域，延伸产业链进而实现多元化策略；二是中小型企业采用横向合并，优势互补，利用整合壮大自身力量，提高核心竞争力；三是通过合并、部分收购等方法避开专利产权的限制，取得市场主动权。例如 2014 年 6 月 30 日，中国台湾地区两大 LED 上市企业同时宣布并购方案：晶元光电以换股形式并购璨圆光电。并购之后，晶元光电将在 2014 年底拥有 500 台 MOCVD 设备。因此晶元光电的产能规模将进一步扩大，有望占据全球 LED 市场老大的位置。

区　域　篇

第十章　美国

第一节　发展情况

从产业规模看，根据世界电子年鉴 2013 年度数据，2013 年美国电子产品市场总额为 4101.7 亿美元，同比增长 0.7%，电子产品产值为 2385.2 亿美元，同比增长 0.4%。2014 年，随着财政紧缩状况逐渐好转，产业发展趋势向好。而且，受失业率保持低位、可支配收入增加及储蓄率较低的共同影响，美国个人消费情况有所提升，成为拉动电子信息产品市场增长的重要力量。

从主要行业看，2013 年美国各类电子产品细分领域中，无线通信与雷达设备产值位居电子信息产品总产值占比的首位，产值为 713.3 亿美元，占总产值的 30.0%，同比增加 3.2 个百分点；位于第二位的是电子元器件，产值为 568.8 亿美元，占总产值的 24.0%，同比增加 1.3 个百分点；占据第三位的是控制与仪器设备，产值是 412.1 亿美元，占总产值的 17.4%，同比增加 2.1 个百分点。

PC 方面，根据 Gartner 的数据，2014 年第四季度，美国的 PC 出货量达到了 1810 万台，较 2013 年第四季度增长 13.1%。这个数字远远高于发展中国家的 2%。2014 年第三季度美国市场的 PC 出货量总计为 1660 万台，与 2013 年同期相比增长 4.2%。这已是美国市场连续第三个季度呈现出正增长。2014 年第二季度，全美 PC 出货总量达到了 1590 万台，同比增长 7.9%。2014 年第一季度，美国地区的 PC 出货量增加了 2.1%，达到 1410 万台。

服务器方面，美国的惠普、戴尔、思科、甲骨文、IBM 等厂商在市场上仍占有较大优势。2014 年，惠普、戴尔、IBM 位列全球服务器市场份额和营收排行的前三位。惠普一直在 x86 服务器和刀片服务器占据主导地位，在非 x86 服务器市场上，IBM 仍居于第一宝座，在此业务上的营收约占全球总营收 69.1% 的份额。

第二节　发展特点

一、产业竞争力遥遥领先

在经受了近年来的金融和经济危机后，美国 IT 产业的整体实力并未被削弱，全球竞争优势依然明显。多年来，英国《经济学家》信息部和美国商业软件联盟联合发布的《IT 产业竞争指数》报告，从总体商业环境、技术设施、人力资源、研发实力和法律环境等多个方面出发，对全球 60 多个国家和地区的 IT 产业创新实力进行了分析和排名，结果显示美国 IT 产业的竞争力一直名列榜首。2014 年，全球电子信息产业格局有所变化，但技术和商业模式的创新都发源于美国，美国仍是全球电子信息产业第一强国。美国 IT 产业的长盛不衰以及在"后危机时代"仍然具备的有利发展态势，很大程度上归功于美国多年来形成的一套能有效促进 IT 创新的生态系统。这一生态系统拥有 IT 创新和创业所必需的所有关键要素，包括一流的教育机构、成熟的风险投资体系和有利于商业发展的政治体制，以及鼓励尝试、宽容失败的浓厚创新文化等。

二、技术水平位居全球制高点

经济合作与发展组织于 2012 年 10 月发布的《2012 互联网经济展望》报告统计显示，在经合组织成员的 250 家最大信息和通信技术类企业中，有 82 家位于美国，数量之多在各成员中位居首位。由于信息技术具有强大的渗透性和广泛的应用性，且发展水平较高，电子信息产业已成为美国高新技术的核心，也成为美国经济最重要的支柱。美国在信息技术领域代表了全球的最先进水平，此外，美国拥有世界上最雄厚的技术创新成果储备和最充裕的人才储备，信息技术研发投入也位居全球第一，这些都是其他国家或地区在一个相当长的时期内所无法比拟和超越的。美国总统科技顾问委员会曾在一份报告中归纳道，美国 IT 产业之所以能一直全球领先，首先是因为拥有众多在微处理器、操作系统和网络搜索等领域处于市场主导地位的世界级一流企业，其次是具备强大的技术商业化体制，此外美国高等教育和科研体系质量高、实力强，其他国家难以匹敌。

三、IT产业持续复苏

2014年，受益于美国经济的复苏，美国就业市场创15年以来年度最佳表现，次贷危机爆发后，电子产业和新能源成为美国经济复苏的新动力。如今，美国在信息通信技术、能源技术革命、制造业高端技术的研发和利用方面具有极为突出的比较优势，电子信息产业迎来了新的发展机遇。计算机和电子产品制造领域、计算机系统设计和相关服务领域的从业人员数增加明显，薪酬上涨。以苹果、英特尔为代表的大型IT企业业绩回升。美国政府为应对经济危机而出台的经济刺激计划将宽带网、智能电网和医疗信息技术等作为投资重点。这不仅是因为美国政府看到了这些IT领域对于拉动经济增长所能发挥的短期显著效应，很大程度上也着眼于它们在推动经济结构转型、促进经济可持续发展以及解决重大经济社会问题等方面将会产生的长效作用。

四、企业活跃度明显增强

在市场环境和市场需求转暖的背景下，美国电子信息企业积极开展市场合作、并购重组。如苹果和IBM合作打造适用于苹果移动设备的企业级应用，积极进军企业级市场；英特尔以15亿美元入股紫光的控股公司，届时英特尔将获得紫光旗下持有展讯通信和锐迪科的控股公司的20%股权，拓展移动芯片业务；IBM在中国成立openPOWER联盟，在芯片、系统、软件和研发等领域与中国产业展开技术合作；戴尔以世界上最大私人科技公司的身份成功转型，成为"全球增长速度最快的集成技术解决方案公司"；惠普分拆为两家公司，一家提供企业硬件与服务业务，另一家提供个人计算机与打印机业务。

第三节　主要行业发展情况

一、集成电路

美国是全球集成电路产业发展起步最早的国家之一，也是目前全球集成电路产业第一强国，在微处理器、模拟器件、先进制造等产品和技术方面居全球领先地位。美国是全球半导体产业的技术中心和投资中心，竞争优势处于全球第一阵营的前列，产业链各个环节均有实力突出、竞争力较强的企业，如设计环节的高通、制造环节的英特尔、封测环节的安靠等，总部设在美国的半导体企业总营收约占全球市场的 50%。

美国半导体行业协会发布的最新数据显示，2014 年全球芯片销售额达到创纪录的 3358 亿美元，同比增长 10%。值得注意的是，美国半导体行业协会发布的 2014 年全年集成电路销售额超出了 WSTS 在 2013 年 11 月份预测的 3330 亿美元。其中增速较快的几个地区分别为美国（12.7%）、亚太（11.4%）、欧洲（7.4%），增速较快的类别则为存储器（18.2%，其中 DRAM34.7%）、功率器件（16.1%）、分立器件（10.8%）、模拟器件（10.6%）。

半导体市场分布方面，2014 年北美地区是全球第二大市场，达到 657 亿美元，同比增幅达到 6.9%，预计 2015 年其市场份额将达到 692 亿美元。半导体产业方面，按企业总部所在地统计，美国是全球最大的半导体产品供应商，产值占比超过 50%，北美地区则是全球第二大市场，达到 657 亿美元，同比增幅达到 6.9%，预计 2015 年其市场份额将达到 692 亿美元。

二、计算机

美国是全球计算机核心技术和计算机产业的领跑者，在产业价值链中占据着芯片体系架构设计、操作系统、软件开发及应用等最核心的环节。美国计算机产品以自有品牌为主，拥有 IBM、苹果、惠普、戴尔等一大批跨国巨头企业，领导计算机产业在移动互联网时代向着高速化、智能化、小型化和多媒体方向发展，在技术和商业模式方面不断创新。

2014 年，美国 PC 市场在全球 PC 市场降幅放缓的背景下回暖反弹态势明显。第四季度出货量达到 1810 万台，同比增长 13.1%，远远高于发展中国家 2% 的出货量增速。PC 销量排名前两位的企业仍然是惠普和戴尔；苹果 Mac 电脑 2014 年在美国 PC 市场的份额创历史新高，市场份额达到 13.4%，排名第三。服务器方面，美国的惠普、戴尔、思科、甲骨文、IBM 等厂商在市场上仍占有较大优势。2014 年惠普、戴尔、IBM 始终位列全球服务器市场份额和营收排行的前三位。

三、通信设备

美国的通信设备产业已相当成熟。有线固网方面主要有阿尔卡特朗讯、思科，在无线网络基础设施方面主要有阿尔卡特朗讯和摩托罗拉系统等大公司。这些大公司经济规模大，有充裕的研发资源、顺畅的国际配销通路，并与全球主要电信服务商建立了良好的合作关系。

2014年，在北美市场安全基础设施投资增长的驱动下，企业网络和通信收入增长加速。通信设备产业需求增速放缓，主要源于美国运营商因为无线频谱竞买和价格战所导致的成本压力增大而设备采购意愿下滑。2014年11月13日到12月9日，美国政府开始新一轮的无线频谱资源公开拍卖活动，收到总计超过437亿美元竞标资金。这意味着电信服务的投资成本越来越高，而利润越来越低，美国电信运营商所面临的市场竞争压力增大，这些公司不得不推出电信服务折扣活动，压缩了净利润空间。

与此同时，通信产业保持持续增长态势。根据美国劳工统计局和美国人口普查局统计以及对大约40万雇主的调查显示，薪酬增幅排名第二位的学科是通信专业，毕业生薪酬比2013年增加10.1%。

四、医疗电子

美国医疗电子行业在植入式医疗设备、大型成像诊断设备、远程诊断设备和手术机器人等医疗电子设备的技术水平世界领先。美国是全球最大的医疗电子市场，目前全球40%以上的医疗电子设备都产自美国，美国本地医疗电子消费占据全球的一半。同时，美国在智慧医疗、移动医疗、远程医疗等医疗模式创新发展方面也走在世界最前列。美国加利福尼亚州、明尼苏达州和马萨诸塞州以医疗电子产业著称。其中，明尼苏达州的支柱产业就是医疗电子，并拥有数以千计的医疗电子企业和众多国际巨头总部。

2014年，美国医疗电子市场销售额达1146亿美元，同比增长6.3%，虽然低于前几年8%—10%的年均增速，但仍高于2.3%的GDP增速，为美国创造超过2万个就业机会，并产生超过54亿美元的贸易顺差。同时，移动医疗、智慧医疗、远程医疗等医疗模式呈现爆发态势，美国移动医疗、智慧医疗市场约占据全球市场份额的80%，对医疗电子产业发展起到极大的带动和促进作用。

第十一章　欧洲

欧洲在世界电子信息产业发展中占据重要地位，欧盟作为欧洲地区规模较大的区域经济合作组织主导并引领欧洲电子信息产业发展。欧盟经济从 2013 年第二季度有所恢复，但多数成员国经济增长依旧乏力。2014 年，由于法德等核心国经济回暖以及希腊扭转颓废局面，欧元区和欧盟 GDP 同比增速略有回升，但受通货紧缩压力增大影响及希腊政府持续面临的主权债务危机等一系列挑战，欧洲经济增长依旧不景气。欧盟委员会 2014 年 11 月发布的《2014 秋季经济展望》报告显示 2014 年欧盟和欧元区经济分别增长 1.3% 和 0.8%，预计 2015 年分别增长 1.5% 和 1.1%。

第一节　主要国家发展情况

欧洲电子信息产业在 2014 年并未出现明显加速，但市场开始逐步复苏。德国作为欧盟经济的"领头羊"，2014 年重获发展动力，经济呈现回暖态势，为整个欧洲经济的复苏发挥了引擎作用。光伏产业方面，根据德国联邦网络运营商（Federal Network Operator）发布数据显示，2014 年德国新增光伏装机量仅 1.89GW，同比下降 42.7%。截至 2014 年年底，德国累计光伏装机容量达 38.23GW，依然位居全球首位。医疗电子方面，德国是欧洲最大医疗设备生产国和出口国，拥有全球仅次于美国的医疗电子产业规模，2014 年总产值约 203.5 亿美元。德国约有 170 多家医疗电子设备生产商，其中绝大部分为中小规模公司。德国公司生产的医疗设备中大约有 2/3 用于出口。

英国经济发展受全球经济复苏带动于2013年开始有所反弹。在光伏产业方面，据英国能源与气候变化部（DECC）数据，2014年，英国新增光伏装机量达到2.2GW，其中700MW为屋顶光伏系统，占新增装机总量的31.8%。截至2014年年底，英国累计光伏装机量达到5GW。英国的医疗电子市场规模大致与法国相当，其医疗电子产品进口额远高于出口，是世界上最大进口医疗设备国家，2014年进口医疗电子产品总额高达80.77亿美元，同比增长6.32%。英国人口老龄化和社会工业化造成的疾病困扰，将使医疗电子产业在未来几年以8.2%左右的速度保持快速增长，到2016年产业规模达到94.5亿美元。

受主权债务危机的深层影响，法国经济增长乏力，对电子信息制造业产生不利影响。但法国仍然是欧洲第二大医疗设备生产国，也是欧洲主要医疗设备出口国之一。2014年，法国医疗电子市场总销售额高达60.6亿美元，约占欧洲市场总份额的16%。法国进口医疗电子产品与出口医疗电子产品价值相当，进口产品主要集中在MRI、PET、螺旋CT等先进电子诊断成像设备以及植入式医疗电子设备。

第二节　发展特点

一、工业"4.0"战略快速发展

在智能制造方面，欧盟的ESPRIT项目一直大力资助有市场潜力的信息技术，1994年在此基础上又启动了新的研发项目，选择了39项核心技术，其中三项（信息技术、分子生物学和先进制造技术）中涉及智能制造。2012年10月，"工业4.0研究小组"向德国联邦教研部和联邦经济技术部上呈了《未来项目"工业4.0"落实建议》，全面描绘了"工业4.0"的新型工业化模式远景，明确了"工业4.0"的目标、意义以及重点任务。围绕"把握住新工业革命的先机，确保德国保持其制造业的国际领先地位"的核心目标，计划投资2亿欧元提升制造业的智能化水平，建立具有适应性、资源效率及人因工程学的智慧工厂，在商业流程及价值流程中整合客户及商业伙伴。

"工业4.0"重点任务概括为两大主题，一是"智能工厂"技术研究，二是"智能生产"模式研究。根据此两项主题，可将任务分为五类：一类是构建融合化、网络化的制造过程的生产体系；第二是加强信息通信技术在生产制造过程中的运用与创新；第三是组建标准统一、规范使用的模式；第四是建立以人机交互为基础的创新型企业组织模式；第五是强化安全性和专有性技术的推广与研发。为保障五大任务的实施，德国制订了相应的落实措施：依托德国三大工业协会设立一系列专职的推进工作组，将重点工作分解落实；强化对于人才的培养和继续教育；组织实施工业安全保障规划；加强面向"工业4.0"的立法预研和准备工作，重点研究责任、版权、产品剽窃、知识产权保护、与垄断相关的法律问题。

德国"工业4.0"的发展方向已逐步明晰，第一是主动推行CPS技术研究，力求成为CPS技术在全球的主要提供方；第二是加快为CPS技术和产品开发新兴市场空间，使CPS成为全球高端制造业核心技术。在战略的制定过程中特别注意了产学研用的结合，政府充分调动了企业、行业组织、技术协会、科研机构参与的积极性。清晰的发展路径和企业主体的积极参与，确保了"工业4.0"战略从项目推进和市场推广两个方面均得到了快速发展。

二、全面推进数字化发展建设

2014年，欧盟议会通过"个人数据保护规定"。欧盟委员会7月宣布，欧盟各成员国应积极迎接"大数据"时代，拟推出一系列措施助推大数据发展，包括建立大数据领域的公私合作关系；依托"地平线2020"科研规划，创立开放化的数据孵化器；根据"数据所有权"及数据提供责任给予新规定；确定数据标准；成立多个超级计算中心；在成员国创建数据处理设施网络等。

10月13日，欧盟委员会与欧洲大数据价值协会签署谅解备忘录，共同承诺建立公共私营合作伙伴关系，在2020年以前投入25亿欧元推动大数据发展，其中欧盟委员会将拨款5亿欧元研发资金，源讯、Orange、SAP和西门子等企业以及弗劳恩霍夫、德国人工智能研究中心等私营部门将投资至少20亿欧元。

欧盟委员会已通过决定，将大数据技术列入欧盟未来新兴技术（FET）行动计划，加大技术研发创新资助力度。截至目前，欧盟委员会公共财政资助支持的大数据技术研发创新重点优先领域主要包括：云计算研发战略及其行动计划、未来物联网及其大通量超高速低能耗传输技术研制开发、大型数据集虚拟现实工具新兴技术开发应用、面对大数据人类感知与生理反应的移情同感数据系统研究开发、大数据经验感应仪研制开发等。随着经济形势趋向好转，区域市场需求逐渐上升。市场研究机构Pierre Audoin Consultants报告显示，2014年1/3以上的欧洲企业将在数字化转型方面投入越来越多的资金，约 1/2 的欧洲企业还将在移动办公方面投入更多资金。

三、扭转半导体行业发展局面

为扭转欧洲半导体行业的下滑态势，确保欧洲半导体领域的技术优势，欧盟在 7 月宣布实施《欧洲微型和纳米电子元器件及系统战略路线图》（以下简称《路线图》）。《路线图》分为五个部分。第一部分总结了欧洲近十年来半导体产能逐步缩减的原因。第二部分从三个方面分析了欧洲半导体产业发展的现状。第三部分指出未来半导体产业发展的新型领域：一是物联网技术提升半导体产业市场空间，二是无线通信的快速发展成为半导体市场的驱动力。第四部分指出欧洲的半导体产业发展路线图将遵循三条主线，一是继续提升欧洲在半导体领域的领先优势，ELG 建议在 2014 年推行"万物智能"和"灯塔"两个重点项目；二是强化供应链和生产能力；三是强化基础设施建设，建立统一的 EDA 工具平台。

《路线图》的制定旨在扭转欧盟半导体产业目前产能下降的困境，增强欧洲半导体产业的技术实力，提升其在传统和新兴领域的竞争力，实现 2020—2025 年产值翻番的目标。该路线图结合欧洲的优势和传统，首先明确了未来几年欧洲半导体产业主要进军三个市场需求发展迅速的领域：一是在传统领域，如汽车、能源、工业自动化和安防等；二是高速增长的新兴领域，尤其是物联网和智能制造等，以便让欧洲抢占发展先机；三是发展日新月异的移动市场，例如在低功耗处理器设计和先进半导体制造方面保持领先地位。

《路线图》在强化供应链方面提出：一是充分利用、扩张和提升现有的生产能力，同时利用潜在的新设施和新的合作形式提升产能，以未来的产能实现未来的预期目标；二是对材料和设备继续投资，以生产 300mm 晶圆，以及下一代 450mm 晶圆；三是设立一个关于芯片设计和架构的计划，旨在强化设计和委托代工产业，使他们能更好地与欧洲伙伴进行合作；四是在整个创新生态系统加强合作，促进中小企业易于得到欧洲世界级研究机构的技术；五是支持突破性的技术开发，增强欧洲在该行业的领先优势。在强化产业链整合方面提出：一是建设掌握半导体相关技术的人才资源池，为半导体技术人员提供进修机会，鼓励企业定期开展培训及技术沙龙；二是通过专利布局和知识产权建设对半导体技术形成保护；同时通过进出口管制和国际 WTO 规则标准对其他地区形成竞争壁垒；三是助力半导体初创企业和中小型企业的成长，帮助企业用全球化的视野提升研发实力；四是建设安全可靠的互联网和信息通信产业基础设施。

四、完善移动通信基础设施建设

2013 年初，法国政府推行了"超高速宽带计划"，计划于 2022 年之前完成光纤网络覆盖全法国的目标。2014 年 7 月 25 日，法国 Axione 公司通过发行债券为其在法国超高速宽带计划框架下的基础设施建设融资，此举不仅获得了欧盟和欧洲投资银行"项目债券信用升级措施"（Project Bond Credit Enhancement Initiative）的支持，还成为欧洲首个获得该措施支持的电信基础设施建设项目。通过融资，预计 Axione 将获得 1.89 亿欧元的资金，用以完成在法国境内的高速和超高速宽带基础设施建设。

2014 年 4 月 3 日，欧洲议会投票支持 2015 年 12 月取消漫游费，同时支持欧委会提出的"互联大陆法案"（单一电信市场），该法案将保证互联网对所有人开放，禁止封锁或删减内容。单一电信市场是欧盟单一数字市场的重要组成部分和基础。根据规划，欧委会将在 2015 年提出建设单一数字市场的战略建议和措施。单一数字市场建设的工作重点之一是保证网络的接入、联通和投资，建设数字经济。单一数字市场的建设需要充分的技术储备，如大数据、云计算、物联网等。设立一个单一的监管机构来制定包括从移动频谱划定到漫游费用定价等所有规则，运营商无须再分别处理目前存在的 27 套不同的规则。最终，欧洲地区将只有四五家大型运营商来为用户提供跨国界的服务，这可使得电信公司能够发展更健康、盈利能力更强，从而加大在通信设备采购上的投资。

为了防止欧洲在移动宽带建设领域落后于其他国家，欧盟委员会决定将目前免费接收电视的频段移交至宽带网络运营商。2014 年 9 月，欧盟委员会宣布将目前使用的 700MHz 广播电视频段，于 2020 年用于移动网络的计划。此外，咨询公司 IHS 在测算了欧洲五个国家在宽带投资方面的情况之后，指出公共和私人部门将于 2017 年对欧盟中五个最大的经济体——德国、英国、法国、西班牙和意大利共同投资，在下一代宽带网络基础建设中投资 300 亿欧元。

五、高度重视网络安全服务

欧盟首先高度重视和强调在网络空间治理中发挥各国政府的积极作用。为有效应对网络安全问题，提升公众对信息网络的信心，早在 2003 年，就成立了欧盟网络和信息安全局（ENISA），主要负责加强欧盟网络安全的顶层设计。2012年，欧盟网络和信息安全局发布国家网络安全战略实践指导白皮书，提出了国家网络安全战略的四个阶段：制定、实施、评估和调整。2014年11月，欧盟网络和信息安全局参考了18个欧盟成员国和8个非欧盟成员国的国家网络安全战略最佳实践，发布了《国家网络安全战略评估框架》，为政策专家和政府官员评估国家网络安全战略提供指导框架，有助于欧盟成员国提升国家安全战略的制定水平。

同时，欧盟还加强区域间的交流和战略合作。欧盟正在推进其数据保护规则的改革进程，2014年1月，欧盟与美国协商如何加强安全港协议框架以确保其能够继续提供有力的数据保护，提高透明度以及得到有效执行等。2014年3月，美国联邦贸易委员会与欧盟机构的官员以及亚太经合组织一同宣布，欧盟与亚太经合组织将发布共同的计划文件，满足双方在隐私保护框架方面的共同需求。

此外，欧盟重视提升民众网络安全意识。根据欧盟网络安全战略和"安全网络计划"（2014—2018）的要求，每年10月举办"欧洲网络安全月"意识教育活动。2014年，该活动针对不同的目标对象策划出更为具体而有效的主题，开展了形式多样的宣传教育活动，包括针对专业安全技术人员进行网络安全演练、针对在校学生举行代码编程等主题活动、针对公共和私营组织进行员工培训、针对所有网络用户开展计算机和移动保护以及隐私保护的宣传等。

第三节　主要行业发展情况

一、通信设备

欧盟拥备众多高端人才和优势性的研发能力，其ICT行业长期位于世界领先地位，在通信设备上优势明显。欧洲在5G标准制定上拥有全球影响力，5GPPP和ITU组织都在欧洲。根据Infonetics发布的"全球电信和数据通信市场趋势及驱动力"研究报告，2014年，欧洲五大服务供应商，德国电信、法国Orange、意大利电信、西班牙Telefonica和英国沃达丰，收入均下滑，这导致了通信设备的需求疲软，拖累了全球电信收入增长。爱立信、诺基亚、阿尔卡特朗讯等企业纷纷启动转型，寻找新的增长点，并积极拓展外埠市场。

二、光伏产业

欧洲光伏设备企业占据全球光伏设备市场约一半的市场份额，并且光伏行业的回暖态势开始逐步向上游设备制造业传导。据 Solarbuzz 统计显示，2014 年欧洲光伏市场为 10GW，同比下降 7%，是 2011 年达到 19.2GW 的最高值后，欧洲市场光伏需求连续第三年下降。欧洲最大多晶硅生产商瓦克的产能在 2014 年维持在 5.4 万吨，多晶硅产品销售额达 10.4 亿欧元，同比增长 12.5%。

三、物联网

欧盟作为世界上最大的区域经济体，在技术研发、指标制定、应用领域、管理监控、未来目标等方面陆续出台了较为全面的报告文件，建立了相对完善的物联网政策体系。同时，欧盟在技术研究上还设立了专门的基金促进欧盟内部的协同合作。尤其在智能交通应用方面，欧盟依托其车企的传统优势，通过联盟协作在车联网的研究应用中遥遥领先。

四、医疗电子

2014 年德国、法国、英国、意大利、西班牙等西欧 11 国医疗电子设备市场销售额约为 422 亿美元，同比增长 6.5%。由于人口老龄化、大批计划外移民涌入和医疗设备更新的需要，市场需求仍将继续保持增长。

第十二章　日本

第一节　发展情况

电子信息产业在日本国民经济中占据重要地位。当前日本经济发展缓慢，但其电子制造业总量仍居世界第二。

2014年日本电子工业国内生产总额为11.8兆日元，同比增长3%，这是继2011年东日本大地震后持续下跌以来的首次正增长。预计2015年将达到12.1兆日元，同比增长2%，前景光明。2014年日本电子信息产业企业生产总额（包含海外生产部分）为40兆7643亿日元，同比增长6%，预计将连续两年正增长。日本企业国内生产比率为34%，显示器件（日本国内生产比率91%），服务器、存储器（74%），半导体（68%），电气计测器（62%），医用电子设备（68%），在要求高可靠性、高品质的细分领域，继续维持高水平国内生产。随着全球化进展加速，2015年日本企业海外生产将维持高水准，预计将实现41兆8755亿日元，同比增长3%。

受全球智能手机大画面、高精度化风潮的带动，作为出口支柱产品的显示器件、半导体器件成为拉动日本国内生产的引擎。2015年，继续受政府成长战略影响，企业业绩将维持乐观增长，在设备投资促进税制的作用下，国内生产将进一步增加。

表 12-1　2014 年日本电子工业生产情况

产品类别	生产总值（百万日元）	同比增长（%）
消费电子设备	693126	−15.7
工业电子设备	3592255	−3.1
通信设备	1149795	−14.2
电信系统	370885	−18.1
无线通信系统	778910	−12.2
计算机与信息终端	1199963	−0.3
应用电子设备	850139	9.0
电子测量仪器	335633	5.6
电子商务机	56725	−12.7
电子元器件	7510794	7.8
电子元件	2430092	5.1
无源器件	887334	14.7
连接件	745518	0.5
电子基板	485403	−2.3
电子电路JISSO板	112830	5.1
变频器	23366	2.4
其他	175641	3.7
电子器件	5080702	9.1
电子管	48317	−37.4
离散半导体	1022813	8.5
集成电路	2226414	4.6
液晶器件	1783158	18.0
合计	11796175	2.6

数据来源：JEITA，2015 年 3 月。

表 12-2　2014 年日本电子工业出口情况

产品类别	生产总值（百万日元）	同比增长（%）
消费电子设备	556840	−14.2
视频设备	521957	−15.6
音频设备	34884	12.3
工业电子设备	1434237	8.0
通信设备	312798	6.7

（续表）

产品类别	生产总值（百万日元）	同比增长（％）
电信系统	2801	45.1
无线通信系统	309997	6.5
计算机与信息终端	400117	0.6
应用电子设备	447765	14.0
电子测量仪器	271772	11.9
电子商务机	1786	−2.7
电子元器件	7401271	3.8
电子元件	1691778	6.9
无源器件	627693	11.7
连接件	733982	6.3
电子基板	259204	0.9
变频器	46885	−0.4
其他	24014	−9.0
电子器件	3273208	3.4
电子管	24561	−2.3
离散半导体	756641	6.5
集成电路	2492007	2.5
零配件	2436285	2.4
合计	9392349	3.1

数据来源：JEITA，2015 年 3 月。

第二节 发展特点

一、产业增长速度缓慢

目前，日本由于长期经济低迷导致电子信息产业国际地位下降。日本政府为了保持经济持续增长，扭转经济低迷现状，决定大力发展 IT 产业，特别是发展大数据和云计算以促进经济发展。对此日本各大 IT 企业充满期待，大数据和云计算已经成为 IT 企业战略核心。

二、产业结构走高技术路线

面对全球消费电子产业竞争日渐激烈的局面，日本厂商坚持走高新技术路线，积极调整产品结构，将生产的重点转移到高附加值的高档商品，放弃部分中低档产品市场，力求巩固自身消费电子老大的地位。

三、龙头企业业绩普遍下滑

2014 年，日本电子信息行业龙头企业业绩普遍下滑。以索尼为例，2014 年索尼分拆电视业务，将其作为全资子公司进行运营，裁减 5000 名员工，还宣布正式关闭在北美的在线电子书商店。2014 年，东芝电视白电业绩惨淡，家电业务整体陷亏损，目前在中国市场早不属于主流彩电产品，很多家电卖场甚至没有东芝电视机销售。家电巨头三洋也黯然退出历史舞台。三洋电机最后的股份于 2015 年 3 月 31 日正式转让生效，接手方为一家投资基金。如今的三洋在日本仅剩空壳，剩下的一点海外子公司能做的只是管理资产。松下是最早进入中国的日系家电巨头，但 2011、2012 年连续巨亏，净亏损达 404.8 亿元，其中电视连续 6 年亏损，白电份额也在急剧萎缩。并且，松下先后退出在厨卫电器、燃气台灶、嵌入灶、热水器等领域的中国市场，放弃了等离子电视业务。家电企业曾经是日本重要的名片，但是在中国和韩国相关企业的竞争下，现在已经整体上走弱，早已失去了在质量和技术上的领先位置。而价格上日本企业更难以与中韩企业匹敌，在传统家电领域没落大势难以改变。

第三节　主要行业发展情况

一、计算机

2014 年，由日本理化学研究所和富士通合作开发的超级计算机"京"正式启用。"京"的计算速度超过每秒一亿亿次，可用于地震、海啸的受灾预测。除研究机构外，在汽车制造、制药等产业界也能发挥作用。2014 年 2 月，索尼将旗下的笔记本电脑业务连同 VAIO 品牌全部转让出售给日本产业合作伙伴（JIP）。索尼不再设计和开发新的个人电脑产品，而在最后一批 VAIO 产品在全球发布后，其生产和销售工作也停止。此后索尼将重点开发智能手机和平板电脑等"后 PC"时代的各种产品。对于已经售出的笔记本电脑，索尼仍将继续承担售后服务。索尼公司个人电脑业务经历了 2012 财年的经营赤字，销售量也从 2010 财年的 870 万台高峰，一路跌至 2013 财年的 580 万，全世界份额仅为 1.9%，排名第九位。

因此，受到全球个人电脑市场大环境影响，以及索尼公司内部的经营战略需要，索尼决定全盘出售个人电脑业务。

表 12-3　2014 年日本计算机与信息终端设备生产情况

	Q1	Q2	Q3	Q4	全年
生产总额 （百万日元）	376722	274074	272829	276338	1199963

数据来源：JEITA，2015 年 3 月。

2014 年第四季度，由于市场对新 PC 的需求减弱，日本 PC 出货量不足 300 万台，下降 35%，创下自 2006 年以来的新低。IDC 数据显示，2014 年第一季度日本平板电脑出货量为 212 万台。

二、通信设备

2014 年日本市场传统翻盖手机的出货量在七年内首次迎来了上升，而智能手机出货量却迎来下跌。2014 年日本市场翻盖手机出货量同比上升 5.7%，至 105.8 万部；智能手机出货量同比迎来连续第二年下降，下降比率为 5.3%，至 2770 万部。由于受到包括苹果和三星这些外来品牌的竞争以及连年的业务单元亏损，包括松下和 NEC 在内的本土厂商都已相继宣布退出智能手机市场。不过，他们依旧保留了自己的翻盖手机业务，并继续在这一领域同富士通、夏普等厂商一较高下。

表 12-4　2014 年日本通信设备生产情况

	Q1	Q2	Q3	Q4	全年
生产总额 （百万日元）	396069	230601	264081	259044	1149795

数据来源：JEITA，2015 年 3 月。

2014 年，诺基亚通信完成对松下系统网络科技株式会社的无线网络业务部的收购工作。此次收购包括松下的 LTE/3G 无线基站系统业务，相关的无线设备系统业；松下公司无线网络部的固定资产，客户以及业务合同转移到诺基亚网络日本分公司。

2014 年，日本 NTT、NEC、富士通、三菱电机等公司受日本总务省委托，研发出 100Gbit/s 光纤传输系统，可以用到 WDM 骨干光纤网及海底光缆网络中，同时也可用在超高速数据专线网中，为客户提供超高速数据专线服务。

2014 年 12 月，日本总务省（MIC）正式发放 TDD 3.5GHz 频段总计 120MHz 频谱牌照。日本三大运营商软银、Docomo、KDDI 分别获得 40MHz 频谱。日本 3.5GHz 牌照的发放极大激发了日本无线宽带领域的飞速发展，并对全球 3.5GHz 产业发展产生非常积极正向的作用。

三、家用视听

2014 年日系彩电企业大面积亏损，日系品牌大幅退出家用视听市场，一些企业甚至大规模裁员和出售总部大楼。2015 年将是日本家电企业的调整年，松下、索尼等企业纷纷向 OLED 方向转型，但是 OLED 在短期内很难形成规模销售。调研机构 WitsView 数据显示，2014 年日本液晶电视品牌全球占比为 22.4%。IHS Display Search 研究表明，全球领先的电视品牌厂商索尼 2014 年液晶电视出货量相比 2013 年平均增长 11%，此外 2014 年电视面板采购量超过了全球总电视面板出货量的五分之一，且比例还将继续扩大。

四、电子元器件

2014 年度日本电子元件企业由于具备技术优势，在智能手机、汽车领域持续领先海外。在物联网应用普及下，未来电子元件需求将进一步增加。此外，电子元器件行业持续进行并购，扩大产品领域与通路。进入物联网时代，传感器、通信模组等元件市场规模将扩大至 1 兆日元以上。社会基础设施、医疗、机器人等跨界业务机会增加，大厂已经累积实力，取得商机的可能性大增。

2014 年度 TDK 营收为 1 兆 500 亿日元，日本电产也达 1 兆日元。TDK、Murata 因美国 Apple、中国小米等智能手机用元件需求拉动，日本电产则因电动车用马达采用扩大，带动业绩成长。日本电子元件业蓬勃发展的原因之一为海外厂商技术能力无法跟上，市场占有率持续扩大。

表 12-5　2014 年日本电子元器件生产情况

	Q1	Q2	Q3	Q4	全年
生产总额（百万日元）	1730848	1743417	1947407	2089122	7510794

数据来源：JEITA，2015 年 3 月。

美国半导体产业协会（SIA）发布的资料显示，2014年全球半导体销售额为3358亿美元，日本销售额微增0.1%，为按美元计算的销售额自2010年以来的首次增长。按日元计算的销售额方面，继2013年之后，已连续两年超过上一年。

第十三章 韩国

第一节 发展情况

一、产业现状

2014 年，韩国电子信息产业保持了平稳较快发展，其中三星、LG 两家企业占据韩国电子信息产值的绝大部分，智能手机、智能电视、液晶面板以及照明产品等在全球市场中占有率较高。

二、产业结构

韩国电子信息产业结构复杂多样，其中，显示器、通信设备以及半导体产业是三大支柱产业。

（一）显示器产业

韩国是世界上第一大显示器生产国。2011 年韩国显示器产业总产值达到了 658 亿美元，占全球市场的 47.1%，而同期中国台湾和日本的总产值分别为 401 亿美元（占全球的 28.7%）、264.4 亿美元（占全球的 19.0%）。在显示器细分领域，如 LCD、PDP、OLED 等领域，韩国企业的市场占有率分别高达 45.1%、57.6% 和 89.0%。2014 年，韩国的大型液晶显示屏在全球市场的占有率超过了 51%，而 OLED 电视的全球市场份额更是达到了 87%。韩国显示器产业自 2002 年超越日本以来，连续多年持续保持世界第一大生产国的地位。这主要是具备世界最高水平的平板量产技术、三星电子和 LG 电子等实力派企业带头实施大规模投资所带来的结果。

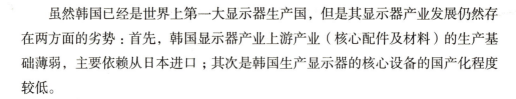

虽然韩国已经是世界上第一大显示器生产国，但是其显示器产业发展仍然存在两方面的劣势：首先，韩国显示器产业上游产业（核心配件及材料）的生产基础薄弱，主要依赖从日本进口；其次是韩国生产显示器的核心设备的国产化程度较低。

（二）通信设备产业

韩国是世界上第四大通信设备制造国，位居中国、美国和日本之后。2014年，韩国通信设备产业总产值为934.8亿美元，同比增长12.3%；增加值为422.4亿美元，同比增长12.6%；从业人员9.2万人；出口额为551.3亿美元，其中手机出口额为512.2亿美元。2014年，韩国通信设备产品的发货金额为933.2亿美元，其中无线（手机的发货金额为781.7亿美元，占无线通信设备产品发货金额的87.2%）和有线通信设备产品的发货金额分别为896.75亿美元、36.4亿美元。

韩国通信设备企业以手机产业为中心，主要分布在首都圈区域和大庆地区。其中，首都圈地区以位于平泽、金浦的LG电子和泛泰（PANTECH）集团的手机及其配件企业为主；国内主力企业与中小通信设备企业大体上分布在城南、首尔、安阳等地区；在大庆的龟尾地区有三星电子及其相关合作企业，大邱有手机配件和系统设备企业；庆尚南道的马山有诺基亚集团的"诺基亚TMC"，该企业在诺基亚全球生产网中起着重要作用。自1984年成立以来，该工厂共生产了近7亿部手机。

通信设备产业是深受通信服务业发展影响的产业。据此，近年来韩国在3G等新一代移动通信领域中，领导世界先进技术。多年来，韩国在手机制造方面已具有世界最高水平的技术和质量竞争力，但在通信设备方面，与国际先进企业相比，竞争力和市场占有率相对处于较低的地位。然而，继2005年在世界领先实现DMB服务之后，2006年在全世界又最先开始HSDPA和WiBro等新业务。2009年由于韩国国内智能手机需求的增加，至今运作比较保守的无线互联网（Wi-Fi）部分开始迅速普及，同时通信量也随之增加，因此出现有关通信器材升级的新投资需求。随着结合性商品的扩大，WiBro和Wi-Fi等多种通信网正在大幅度扩大，此外提升通信业务处理量与传输速度所需的高端化、频率再分配及新分配将需要更多新的网络设备投资。今后一段时期，韩国通信设备产业也将不断创造出高增长和高市场占有率。

（三）半导体产业

半导体产业是韩国的重要优势产业。2013 年，韩国半导体产业产值为515.16 亿美元，占全球半导体产业总产值的 16.2%，仅次于美国（1666.51 亿美元，占有率 52.4%），取代日本（434.32 亿美元，占有率 13.7%）成为全球第二。韩国的半导体事业过于偏重存储芯片，其生产额为 342.97 亿美元，占到了半导体总生产额的 66.5%，在全球市场中所占份额也高达 52.4%，远远高于第二名美国（27.1%）。相反，韩国的系统半导体市场份额仅为 5.8%（113.81 亿美元），排名在主要 5 个半导体生产国中垫底。另外，属于高附加值产品的光学元件的市场占有率也仅为 10.4%，与第一名日本（31.5%）的差距十分大。

第二节　发展特点

一、电子信息产业在世界处于领先位置

一直以来，韩国坚持电子信息产业定位面向全球化、与世界同步的战略。从进口零部件组装开始，经过近 30 年的努力，韩国已经成为世界电子信息产品生产大国和出口大国。韩国电子信息产品产值约占到了世界总产值的 6% 左右，位于美国、中国、日本之后，居世界第四位；电子信息产品出口额位于美国、日本、德国之后，列 OECD 第四位。韩国的某些电子信息产品，如 DRAM 与 NAND 存储器、CDMA 手机、TFT－LCD 液晶面板与显示器等，在世界市场上具有很强的竞争力；DRAM 与 NAND 产品占到了世界总产值的 40% 以上，TFT－LCD 产品与日本、中国台湾占据了全球的绝大部分市场份额，尤其以大尺寸产品占据优势更为明显。目前，韩国已经形成了具有世界影响力的大型公司，如三星电子、LG 电子、Hynix，这些公司在规模、技术创新、产品研发等方面，都位于世界的前列。

二、政企战略远见是产业保持竞争力的重要因素

韩国企业对产业的远见、强大的市场销售能力以及与政府的密切合作是电子信息产业保持强大竞争力的主要原因。例如液晶面板方面，韩国企业在普通面板市场衰退之前就预见到了液晶控制面板领域的高速发展，极具战略眼光地对液晶面板进行了大量投资，抢先在液晶面板市场占据牢固地位。半导体方面，韩国集成电路生产商即使在产业不景气的情况下依然坚持投资，不仅巩固了电子信息产

业基础，也维持了半导体产业的竞争力。数字视听方面，当整个产业因向数字电视方向转变而变得迷茫的时候，韩国制造商已经准备好液晶电视、3D电视和智能电视来满足消费者的需求。通信终端方面，韩国厂商从低端产品转型为高端产品，并努力提升自己的品牌形象。

三、企业扶持政策在产业发展过程中扮演着重要的作用

从韩国企业发展环境来看，韩国政府在法律体系建设、建立推进机构、鼓励企业研发、保障人力资源、完善金融服务和推动资源整合等方面做了大量工作，有效地支持了企业做大做强。一是建立成套的法律体系，维护企业的合法权益。韩国政府通过建立完善的法律体系，保障和维护企业的合法经营，对企业的技术创新、发展壮大和产品销售给予相应的法律支持。二是成立对口的推进机构，支持企业的发展壮大。为了支持企业的发展壮大，韩国政府有针对性地成立各种政府和非政府的推进机构，为企业发展壮大提供支持。三是搭建专业的合作体系，推动企业的研发创新。韩国政府注重形成企业研发创新能力，提升企业的竞争力。四是制定专门的就业计划，保障企业的人力资源。韩国政府注重为企业培养所需的人才，加强对新兴产业发展急需人才的培养力度，采取相应措施促进年轻人到中小企业工作，解决了企业发展过程中人才缺乏的问题。五是提供完善的金融服务，鼓励企业的出口贸易。为了推动企业"走出去"，韩国政府推出了包括增加信用额度、扩大出口信贷、组建支援小组等一系列措施，帮助企业做大做强。六是推动产业的资源整合，培育企业的竞争优势。在促进企业做大做强方面，韩国政府注重行业整合，避免同行业的重复建设和恶性竞争，发挥企业的优势，提升行业企业的竞争力。

第三节 主要行业发展情况

一、LED

市场方面，从全球LED供应区域看，韩国是2014年全球LED市场供应占有率较高的国家和地区之一，韩国在LED背光应用占据较高的市场份额，在背光市场饱和的情况下，市场占有率从24.2%下降到23.6%。

发展战略方面，2014年，韩国推出LED照明产品替代进程表。一是提出

2015 年确保 LED 照明产品进入 30% 的通用照明市场。二是积极进行 LED 路灯换装方案，其中，首尔市政府将建立一个包含 132 万盏节能路灯的智能照明网格，为了鼓励私营部门安装，该市提供一个最高达 10 亿韩元（约合 87 万美元）利率 2.5% 的贷款计划。三是注重对 LED 照明的商业推广，首尔市将开展 LED 照明在公共部门和私营部门的推广使用，在地铁站和街道等公共场所投资安装 LED 灯具，并鼓励私营部门进一步扩大安装范围。2014 年，首尔市约有 80 万盏 LED 灯安装在公共部门，7 万盏 LED 灯安装在私营部门，计划到 2018 年市政府办公室全部使用 LED 照明，2030 年扩大到私营机构。这将为首尔市每年节省电力 1100 千兆瓦及 1200 亿韩币（1.05 亿美元）。

企业发展方面，2014 年全球 LED 企业销售收入排名前十中有三家来自韩国。其中，韩国三星电子排名第二位，销售收入为 13.98 亿美元，仅次于日本的日亚化学。在三星电子营业收入组成中，90% 以上来自背光模块的电子产品用 LED 零件。未来三星电子将缩短产业链环节，聚焦附加值高的 LED 芯片领域，实现硅基 LED、大功率 LED 的技术研发和突破，抢占市场份额；欧司朗排名和 2013 年没有变化，仍居第三位；首尔半导体比 2013 年前进一位，2014 年销售收入排名第四，增长率高达 14.88%。

二、锂离子电池

产业规模方面，2014 年韩国锂离子电池产业实现稳步增长，产业规模达到 84.7 亿美元，同比增长 8%，增速分别比 2013 年、2012 年下滑 17 个、27 个百分点，出现加速下滑态势。主要原因在于位居全球锂离子电池领域榜首的三星 SDI 业务未能保持以前的增长势头，出现了略微下滑，其背后因素则是三星电子在智能手机市场遭遇滑铁卢，出货量出现明显下降，影响了三星 SDI 的锂离子电池产量。

企业发展方面，2014 年全球锂离子电池企业格局并没有发生明显变化，位居首位的还是三星 SDI；LG Chem 保持稳步增长势头，继续位列全球第二，与三星 SDI 的差距在缩小。其中，三星 SDI2014 年底在韩国证券交易所的收盘价为 116000 韩元 / 股，市值约为 80 万亿韩元（约合 4548 亿元人民币），与 2013 年同期相比增长 20% 左右，主要是因为与韩国第一毛织合并增加了总股本，就股价而言，反而略有下滑。2014 年三星电子智能手机出货量出现下滑，造成三星 SDI 的锂离子电池整体营收出现下滑，其中小型电池营收同比下降 6%，而动力电池

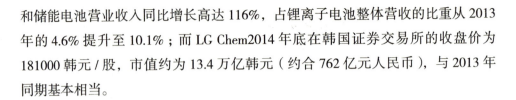

和储能电池营业收入同比增长高达116%，占锂离子电池整体营收的比重从2013年的4.6%提升至10.1%；而LG Chem2014年底在韩国证券交易所的收盘价为181000韩元/股，市值约为13.4万亿韩元（约合762亿元人民币），与2013年同期基本相当。

三、计算机

韩国计算机制造业主要以代工为主，缺乏自主研发厂商，知名品牌较为单一，未能在存储芯片、显示屏、智能手机等领域形成较高的全球市场占有率。

2014年1月，韩国LG公司宣布退出传统PC市场。在过去的三年中，LG公司的PC年出货量峰值仅为165万台，市场份额无足轻重。鉴于PC市场对LG品牌关注度低，此消息并未引起过多关注。

2014年9月24日，韩国三星电子正式决定退出欧洲笔记本市场，在欧洲停止销售包括ChromeBook在内的所有笔记本电脑。与其他传统PC厂商不同，三星的手机业务是其利润主要来源，放弃PC业务的三星电子会更加专注智能手机产品，因此退出欧洲笔记本市场不足为奇。虽然三星2014年推出了多款ChromeBook，但这一举动更多是与谷歌联合的战略行为，PC业务已不是三星的业务重心。

四、平板显示

韩国是全球平板显示产业聚集区之一。面板方面，韩国凭借面板龙头企业占据领先地位。2014年，韩国面板企业共占据全球面板出货量的49.6%。为保持在AMOLED产业的优势，LGD和三星加大产线投资规模，联合产业链企业提高韩国面板企业的核心竞争力，垂直整合造就韩国企业在AMOLED产业的绝对优势。

配套产业方面，韩国通过与国际企业合作以及面板龙头企业带动，配套材料的完整度和先进性显著提升。

企业方面，为了在愈加激烈的市场竞争中占据优势，全球各主要面板企业根据自身优势，选择性的进行重点市场开拓，以期取得更大利润。其中，2014年，三星面板手机营收依然保持全球第一，但受到三星手机出货量大幅降低的影响，对三星面板的营收带来很大影响，导致三星开始转变之前不对外供应AMOLED显示屏的策略，开始积极寻求中国大陆品牌企业作为合作伙伴。2014年第三季度，三星显示面板部门营收年减少23%至6.25兆韩元；收益年减94%至600亿韩元，第四季度受年底季节性需求影响，三星 UHD 面板、曲面面板和 60 英寸以上高端电视面板出货量和均价都呈现上涨趋势，2015 年三星 AMOLED 面板出货量将因客户来源扩增而不断走高。不过，由于平板以及电脑显示器市场增长趋缓，PC 用面板营收受到一定的冲击。2015 年，三星将积极拓展 AMOLED 面板市场，同时将在柔性 AMOLED 产线方面加大投资，新产线有望在 2015 年第二季度开始量产。2014 年，三星与中国大陆市场的合作进一步紧密。2013 年 10 月，苏州三星 8.5 代线（2200mm×2500mm）液晶产线正式竣工，2014 年进入量产。该产线占地面积 17.3 万平方米，系与国内企业 TCL 集团共同投资建设，生产超高清、全高清的 48、55 英寸液晶面板产品。

此外，在开拓中国大陆市场方面，2014 年 8 月，LGD 广州 8.5 代液晶面板生产线正式启动量产，该产线由 LGD、广州开发区及中国彩电企业创维以 70：20：10 的比例投资，计划生产 4K 超高清面板，这将进一步提升 LGD 在中国市场的竞争优势。在产线建设方面，2014 年 LGD 开始兴建安装新的 LTPS 生产线设备，目标瞄准移动电话等高端显示器市场。LGD 计划投资总金额 5771 亿韩元（不包含厂房兴建成本），设立一条 8 代 LTPS 生产线，月产能为 2 万片玻璃基板，量产日期预计为 2017 年第一季度。在 OLED 电视方面，LGD 始终保持着领先优势，尤其是在 2014 年，LGD 超越了三星成为全球唯一量产 OLED 电视的企业，并且成立了新的 OLED 部门，专门负责将 OLED 技术发展为可上市的产品。未来所有与 OLED 相关的规划都将交由新的 OLED 事业负责，LGD 同时成立新的部门，负责 OLED 采购客户事宜。2015 年，LGD 计划进一步提高 OLED 面板产量，压低 OLED 电视的售价，从而保持在 OLED 电视方面的绝对优势。

五、智能电视

市场份额方面，韩国依靠战略投资和持续创新，在品牌市场、整机、面板、存储芯片等产业链关键环节上形成显著优势，特别是全产业链的深度垂直整合能力较强，智能电视发展较早，整体市场活力和竞争实力领先全球。以三星、LG 为代表的韩国企业近年来均位居全球彩电市场份额前两位。WitsView 数据显示，2014 年韩系品牌全球彩电市场份额达到 37.7%，其中三星、LG 分别为 22.8% 和 14.9%。

企业发展方面，2014 年，韩系企业市场占有率位居全球前两名，三星以

22.8%的市场份额位列榜首；LG以14.9%的市场份额位居次席。具体来看，2014年，三星集团全年销售收入为205.5万亿韩元，同比减少约10%，这是三星的销售收入9年来首次减少。营业利润为24.9万亿韩元，同比减少32%，是3年来首次下降。2014年，LG集团总收入为59.04万亿韩元，净利润为5014亿韩元，净利润同比大幅增长125%。经营利润显著增长，从2013年的1.25万亿韩元增至1.83万亿韩元，增幅为46%。

六、物联网

产业方面，韩国十分重视物联网产业化发展，不断加大在物联网核心技术以及微机电系统（MEMS）传感器芯片、宽带传感设备方面的研发。目前韩国物联网产业主要集中在首尔、京畿道和大田等地区，其中，首尔集中了韩国60%以上的物联网企业，主要代表企业包括三星、LG、SKT、CEYON、ATID、KIC Systems等。韩国物联网的优势在于其消费类智能终端、RFID、NFC产品与相应的领先技术解决方案。据估算，2014年韩国物联网微机电系统传感器的总产值约达830亿韩元。

政策方面，韩国政府非常重视物联网发展。2004年，韩国提出U-Korea战略，目标是"在全球最优的泛在基础设施上，将韩国建设成全球第一个泛在社会"。2006年，韩国《U-IT839计划》提出要建设全国性宽带（BcN）和IPv6网络，建设泛在的传感器网（USN）。2009年，韩国推出《基于IP的泛在传感器网基础设施构建基本规划》，促进"未来物体通信网络"建设，实现人与物、物与物之间的智能通信，由首尔市政府、济州岛特别自治省、春川市江原道三地组成试点联盟，建设物体通信基础设施。2013年韩国政府发布ICT研究与开发计划"ICT WAVE"，并将物联网平台列为10大关键技术之一。

2014年，为增强韩国传感器产业竞争力，减少进口依赖，韩国政府宣布到2020年，投资约500亿韩元用于物联网核心技术以及MEMS传感器芯片、宽带传感设备的研发及商用化。其中，韩国未来科学创造部和产业通商资源部投资370亿韩元（约合2.26亿元人民币），私营部门投资123亿韩元（约合7512万元人民币）。另外，政府对物联网领域相关技术人员的培训计划也在逐步进行中。

第十四章　中国

第一节　发展情况

一、产业规模

2014 年，中国电子信息制造业发展形势总体向好，产业规模稳步提升，产业结构不断调整优化，产业发展质量和经济效益稳步提升，推动中国国民经济信息化水平持续提升，继续为我国国民经济的持续健康发展和综合竞争力的不断提升发挥积极作用。

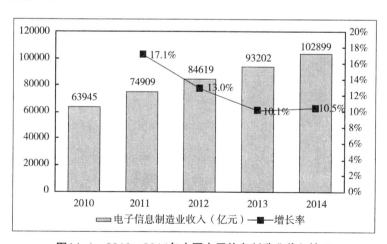

图14-1　2010—2014年中国电子信息制造业收入情况

数据来源：赛迪智库整理，2015 年 3 月。

根据工业和信息化部运行局数据，2014 年，我国电子信息制造业实现主营业务收入 10.3 万亿元，同比增长 9.8%。规模以上电子信息制造业增加值同比增

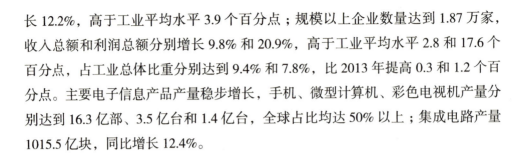
长12.2%，高于工业平均水平3.9个百分点；规模以上企业数量达到1.87万家，收入总额和利润总额分别增长9.8%和20.9%，高于工业平均水平2.8和17.6个百分点，占工业总体比重分别达到9.4%和7.8%，比2013年提高0.3和1.2个百分点。主要电子信息产品产量稳步增长，手机、微型计算机、彩色电视机产量分别达到16.3亿部、3.5亿台和1.4亿台，全球占比均达50%以上；集成电路产量1015.5亿块，同比增长12.4%。

二、产业结构

一是产业投资结构持续改善。上游基础领域投资增速高于全行业平均水平，特别是集成电路行业在2013年高位基数上，继续增长11.4%，完成投资额644.5亿元。中西部投资持续加速，分别完成投资3959亿元和2013亿元，同比增长16.9%和22.1%，其中内资企业完成投资9986亿元，同比增长13.8%，比重达到82.8%。二是内销市场比重进一步提升，对产业发展推动作用增强。2014年，我国规模以上电子信息制造业实现销售产值10.4万亿元，其中内销产值5.19万亿元，同比增长14.9%，占比近50%，对电子信息制造业的贡献率达到69.5%。三是内资企业比重提升。2014年，我国电子信息领域规模以上内资企业实现销售产值3.8万亿元，同比增长20.7%，全行业占比升至36.6%，对全行业贡献率达67.5%。

三、产业创新

2014年，我国电子信息制造业产业创新不断加强，企业创新意识和技术创新能力持续提升，重点领域不断取得新的技术突破。中芯国际成功制造28纳米处理器；国内首款智能电视SoC芯片成功研发并实现量产；光伏产业技术创新不断深化，太阳能电池转换效率不断提升，成本持续下降，光伏发电成本继续下降；世界第二条、国内首条8英寸绝缘栅双极型晶体管（IGBT）专业生产线建成并投产，使我国船舶、电网及轨道交通等领域智能化水平得到有效提升。

2014年，第28届中国电子信息百强企业研发投入强度达4.8%，全年研发费用增速超过营业收入增速。研发费用的增长为行业专利、标准工作带来显著进步。专利方面，京东方全年新增专利申请量超5000件，华为首次进入全球创新机构百强。标准方面，我国主导及参与制定了多项云计算、物联网、太阳能光伏等领域国际标准，积极推动了我国自主关键技术和知识产权向国际推广。

第二节　发展特点

一、产业发展进入平稳期

2014年，我国电子信息制造业规模继续增大，但增速明显回落，低于工业领域平均增长水平。随着生产要素成本在企业管理运营中的比例逐渐提升，主要企业利润率不断下降，技术创新成为产业发展关键增长点，产业发展进入平稳期。

二、产业结构调整进一步深入

随着我国电子信息制造业在全球产业发展中的优势地位不断增强，产业对外依赖逐渐降低，内需市场在企业市场分配上逐步占据主导地位。与此同时，外贸结构呈现多元化发展，进出口增速放缓，新兴市场占比不断提升。

三、产业转移呈现出多层次多方位发展

一方面，受生产要素成本制约，我国东部传统电子信息制造业逐步向中西部转移，以获取相对低廉的人力、土地、资源成本。另一方面，大规模制造业产能逐步向东南亚等经济增速快、制造业成本低的地区转移。

四、协同创新对产业推动作用增强

随着全球经济增速放缓，我国电子信息制造业趋向成熟，依赖低成本比较优势、通过大规模工业制造获得竞争力的发展模式，逐步被通过技术创新和发展模式创新获得核心竞争优势的发展模式取代，协同创新的推动作用进一步增强。

第三节　主要行业发展情况

一、集成电路

2014年，在国家一系列政策密集出台和国内市场强劲需求的推动下，我国集成电路产业整体保持平稳快速增长，迎来发展加速期。我国重点集成电路企业主要生产线平均产能利用率超过90%，全年销售情况稳定。据统计，我国全年共生产集成电路1015.5亿块，同比增长12.4%，全行业实现销售产值2915亿元，

同比增长 8.7%。与此同时，2014 年，我国集成电路进出口形势低迷，全年出口额 609 亿美元，同比下滑 30.6%；进口额 2176 亿美元，同比下滑 5.9%；贸易逆差 1567 亿美元，同比增长 9%。同时，内销市场占比有所提高，全行业全年完成内销产值 1011 亿元，同比增长 9.9%，内销比例达到 34.7%。2014 年，我国集成电路全行业完成固定资产投资 644 亿元，同比增长 11.4%；销售收入达到 2672 亿元，同比增长 11.2%；实现利润 212 亿元，同比增长 52%。总体来看，2014 年，我国集成电路行业发展整体向好，产业结构调整和转型升级不断加快，产业进入良性循环。

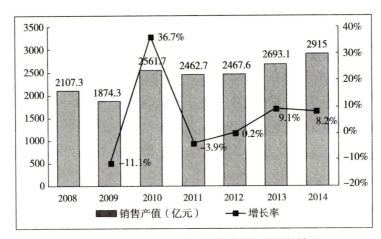

图14-2 2008—2014中国集成电路行业增长情况

数据来源：工业和信息化部运行局数据，2015 年 3 月。

二、信息通信产品

2014 年，随着移动互联和智能终端技术的快速发展，消费电子市场保持小幅增长，手机产品在智能机快速增长、新兴市场加快普及等因素带动下延续增长态势。我国信息通信产品制造企业抓住良好发展机遇，推动产业快速发展，国产品牌全球市场占有率快速提升。

2014 年，我国手机产品产量达到 16.3 亿部，同比增长 6.8%；出口 13.1 亿部，同比增长 10.5%，出口额 1153.6 亿美元，同比增长 21.3%。全年来看，我国通信终端设备制造业实现 500 万元以上项目完成固定资产投资 569 亿元，同比增长 31%，主营业务收入 12241.4 亿元，同比增长 16.8%；实现利润总额 396.5 亿元，同比增长 14.7% ；上缴税金 178.5 亿元，行业平均利润率为 3.2%。整体上，我国信息通信产品行业利润率降低，技术集中度不断提升，产业发展进入平稳增长阶段。

三、计算机

2014 年，我国计算机行业发展整体处于低迷态势，微型计算机产量和出口持续下滑，全行业效益增长放缓；产品结构不断调整，硬件移动化势头不减；重点企业转型整合，行业需要更多创新和突破。长期来看，计算机作为未来核心计算设备的功能不会改变，随着新技术的突破，计算机行业将迎来新的发展机遇。

2014 年，我国累计生产微型计算机 3.51 亿台，同比下滑 0.8%，与 2013 年基本持平；其中笔记本电脑 2.27 亿台，同比下降 5.5%。全行业实现产值 2.27 万亿元，同比增长 2.9%；实现主营业务收入 23222 亿元，同比增长 2.7%；利润总额 699.6 亿元，同比增长 5%；全年出口额 1147.8 亿美元，同比下降 2.5%，其中平板电脑出口量比重上升至 53.8%，台式机比重下降至 2.8%。整体上看，计算机行业发展受移动互联技术发展冲击，利润率逐渐下滑，产业进入薄利平稳发展阶段，结构调整和技术升级不断加快，未来存在多种发展可能。

四、彩色电视机

2014 年，我国彩电行业面对宏观经济增速放缓、"后政策时代"消费需求不足、各环节成本显著上升等压力，面临产品同质化严重、核心技术话语权不足、产品生命周期缩短等挑战。全年彩电市场运行持续走低，市场需求整体下滑，尽管下半年产品销量环比有所回升，但仍无法扭转行业"困局"。

2014 年，我国共生产彩色电视机 14129 万台，同比增长 10.9%，其中液晶电视机 13866 万台，同比增长 13.3%。全行业全年 500 万元以上制造项目完成固定资产投资 102 亿元，同比下降 15.3%；实现主营业务收入 4054 亿元，同比增长 1.1%；实现利润 138 亿元，同比增长 20.2%，行业平均利润率 3.4%。整体来看，我国彩电制造行业基本完成平板化转型，技术创新成为推动行业发展的主要动力，但内需市场相对疲软，产业竞争加剧，预计 2015 年产业发展相对平稳，主要企业凭借新型显示关键技术优势，生产经营情况进一步改善。

五、太阳能光伏

2014年，我国多晶硅产量13.2万吨，同比增长57%，占全球总产量比例近40%；电池组件产量35GW，同比增长27.2%，占全球总产量比例约70%。国内光伏应用市场持续扩大，大型电站、分布式系统等光伏应用多样化发展，全年新增光伏装机量10GW，累计装机量达26.5GW，全行业总产值超过3300亿元。

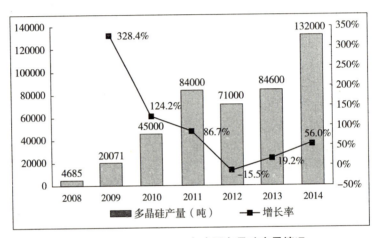

图14-3 2008—2014年中国多晶硅产量情况

数据来源：赛迪智库整理，2015年3月。

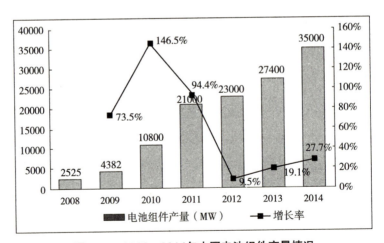

图14-4 2008—2014年中国电池组件产量情况

数据来源：赛迪智库整理，2015年3月。

2014 年，随着主要光伏产品价格回升，我国主要企业经营状况好转，部分电池、组件企业扭亏为盈，个别骨干企业多季度持续盈利。《光伏制造行业规范条件》的实施受到业内多方重视，产业盲目扩张势头得到有效遏制，部分企业兼并重组意愿日益强烈，产业集中度持续提高。关键技术水平持续提升，生产线投资及相关能耗、物耗均有下降，光伏发电系统投资成本同比下降 10% 以上。我对美韩多晶硅"双反"作出终裁，欧盟也调整对我国产品承诺价格，外贸形势有所好转，新兴市场拓展加速。

六、新型显示

2014 年，我国新型显示产业规模迅速扩大，达 1385 亿元（其中显示器件面板产值 930 亿元，上游材料产值 400 亿元，上游装备产值 55 亿元）同比增长 28%，液晶面板产量超过 3000 万平方米，同比增长 50%，全球市场占有率由2013 年的 13% 攀升至 17%。市场环境持续向好，企业经营效益逐年攀升。2014年面板企业销售收入 880 亿元人民币，其中京东方、天马、华星光电三家骨干企业销售收入超过 700 亿元，毛利率在 15% 以上，实现利润共 50 亿元。产业链建设逐渐完善，关键材料和零配件的低世代线供应体系基本完成，部分 5 代线材料本地配套率达到 70%。新一代显示技术布局加快，氧化物半导体、量子点等新型显示技术逐步导入；和辉光电 4.5 代 AMOLED 生产线成功量产；我国自主研发的电子设计自动化（EDA）软件被骨干企业大量采用。

七、锂离子电池

2014 年，我国锂离子电池行业（包括电池、正负极材料、隔膜、电解液及专用设备等配套环节）总产值超过 900 亿元，其中锂离子电池产量达到 380 亿瓦时。产业格局和新技术应用出现亮点，随着移动智能终端等消费类电子产品市场的持续扩大，可穿戴设备等新兴市场逐渐启动，消费型锂离子电池需求继续稳定上升。此外，受益于补贴政策的逐步明确和政策执行力、推动力加大，新能源汽车产销量快速增长（全年产量 78499 辆，比上年分别增长 3.5 倍），带动动力型锂离子电池产量增幅明显。但与此同时，锂离子电池行业也面临行业发展无序、同质化恶性竞争严重等问题，预计 2015 年，产业结构调整和技术水平提升将进一步加快，推动产业规范发展、淘汰落后产能等工作将成为行业发展的重要议题。

第十五章　中国台湾

第一节　发展情况

　　2014年中国台湾地区全年出口总金额达3138.4亿美元，创下历史新高，年增2.7%。电子产品出口999.9亿美元，年增13.5%，表现最为活跃，信息与通信产品则相对疲弱，合计年减67亿美元。在各主要出口市场的表现以美国稳、亚洲平、欧洲冷来形容，2014年累计对美国出口年增7.1%，对欧洲出口年增3.5%，对亚洲出口年增长2.6%，其中，对中国大陆及香港、东盟六国与日本的出口值都创历年新高。新增投资仍主要集中在半导体电子产业，凸显出产业结构调整的压力。制造业增长亮点主要来自晶圆代工、光学组件、计算机设备及零件、手机、钢铁、机械等产业增产的贡献。分行业看，电子零组件业、机械设备业与汽车及其零件业分别成长11.8%、10.6%及9.0%，是增长最快的三个行业。国际品牌便携装置持续热销，智能科技应用领域扩展，加上大尺寸电视面板出货畅旺，带动台湾地区晶圆代工、IC封测等产量持续增加。

　　台湾地区电子信息产业在全球占有重要地位。台湾地区以及台资企业在电子信息产业内的布局几乎涉及电子信息产业的全价值链。在最高端的IC设计环节，营业收入已居全球第二位，有数家IC设计公司跻身全球IC设计20强，并已进入IC设计中复杂度最高的CPU研发领域以及存储芯片研究领域。在晶圆代工领域，台湾地区在营收上居全球第一位，在芯片生产的线程工艺上，台湾地区的台积电所掌握的技术方案仅次于Intel、AMD和三星。在芯片生产的产品类别上，除复杂度最高的高端CPU外，台湾地区以及台资企业几乎能生产所有类型的晶圆芯片，其中，各种记忆芯片的产量占到全球产量的 10%—15%，动态存储器占全球产量的 5%—10%。此外，台湾地区还在液晶平板、主板卡、显示卡等关键零部件生产方面实力强劲。组装代工更是台湾地区的传统优势环节，特别是在 PC 代工组装领域，台湾地区及台资企业的笔记本出货量占到全球总出货量的 93% 以上。在一般零部件与计算机周边设备的设计与生产方面，台资企业所产鼠标、键盘、网络设备、扫描仪等产量均居世界前列，产生了罗技、台电等一批从事品牌生产的大型企业。目前，台湾地区在电子信息产业营销方面的发展也相当快速，在移动通信领域拥有 HTC，在 PC 领域拥有华硕、宏碁、明基等数家品牌公司。

第二节　发展特点

一、积极融入全球价值链，吸收知识扩散，形成本土能力

产业发展初始阶段，台湾地区的科技力量有限，没有能力实施电子信息产品的研究与开发，无法与美、日等大企业争夺价值链高端环节。台资企业选择了积极融入全球产业链的策略，从最低端的元器件生产进入电子信息产业价值链，逐步通过价值链上的知识溢出以及企业自身的知识积累进入核心零部件生产、整机代工、技术平台研发以及营销与服务环节。

二、循序推进价值链环节升级和产品升级

台湾地区电子信息产业通过循序渐进的价值链环节升级与产品升级一步一步实现价值链升级。例如，台资企业在整体代工与晶圆代工领域实现规模化发展后，又逐步实现从 OEM、ODM 到 OBM 的价值链升级。随着在代工领域中的知识积累，台湾代工厂逐步从看图纸生产转到看方案生产，为派单厂商提供了更多的设计服务，如模具设计、整机设计等，从 OEM 走向了 ODM。在此基础上，一批整机品牌厂商也成长起来，进入了高附加值的品牌与服务环节，如华硕、宏碁、明基、罗技、多普达等。

三、电子产品外贸增长好于预期，仍有较强国际竞争力

2014 年中国台湾进出口比上年有所增长。从进出口商品结构看，中国台湾出口前五大商品分别是电子产品（金额占比 31.8%）、基本金属及其制品（金额

占比 9.2%）、塑橡胶及其制品（金额占比 7.7%）、化学品（金额占比 6.9%）以及矿产品（金额占比 6.7%）。出口商品中电子产品较上年同期增长 13.8%，是所有出口商品中增幅最大的，信息与通信产品则相对疲弱。其中电子产品出口金额达 915.63 亿美元，目前在美国进口市场的占有率已经上升到第四位，领先日韩，仍有较强的国际竞争力。从进出口国家和地区看，1 至 11 月累计对主要市场出口均较上年同期增加，其中对美国增长 6.4%，对欧洲增长 4.4%，对日本增长 4.2%，对中国大陆与香港增长 3.7%，对东盟六国增长 2.0%。

四、光伏产品再次遭遇国际市场出口管制

光伏领域，美国发动光伏产品"双反"调查，意图同时限制中国大陆及中国台湾两个产地的光伏产品，初裁结果不利。与此同时，印度也对我国大陆及台湾地区做出反倾销终裁。

第三节　主要行业发展情况

一、计算机

2014 年，台湾地区整机市场萎缩显著，重点企业加快整合转型。由于移动设备的替代，消费者对购买台式机和笔记本电脑的兴趣大幅降低，整机市场特别是消费类整机市场萎缩速度已超过预期。由于利润率不断下滑，台湾各代工厂纷纷另谋出路，投资核心业务以外的领域，如隐形眼镜生产、塑料回收等，和硕联合（Pegatron）与纬创（Wistron）来自笔记本电脑业务的收入不到总收入的一半。台湾 PC 厂商宏碁公司 2014 年度财报显示，2014 年营收约新台币 3296.84 亿元（约合人民币 651.46 亿元），比 2013 年下降 8.5%；净利润为新台币 17.91 亿元（约合人民币 3.54 亿元），营业净利约新台币 27.08 亿元，营业净利率为 0.8%，毛利为新台币 289.42 亿元，比 2013 年增加 28.3%，毛利率为 8.8%。税后净利为新台币 17.91 亿元，税后净利率为 0.5%。这是宏碁四年来首次实现年度盈利。不过，由于全球个人电脑市场萎缩，该公司收入继续下滑。IDC 数据显示，以出货量来说，宏碁是全球第四大 PC 生产商。

二、通信设备

总体来看，台湾地区通信设备行业 2014 年度发展良好，光器件商 2014 全年

营收较 2013 年有近八成增长，尤以华星光、联钧上升幅度最大。台湾地区电信进入第二波建设期，几大运营商目前已经陆续启动基站设备采购计划，据传远传电信已经启动相关招标。分析人士预计，第二轮采购至少有 100 亿新台币。目前台湾地区已经核准建设 1 万个基站，发出的基站电台执照为 4918 张。

三、家用视听

2014 年中国台湾家用视听设备行业业绩出色。台湾地区投影机第三季度总出货量 21255 台，以家用市场为主流，过半为 3000—3999 流明数，分辨率以 XGA 为主，爱普生（Epson）仍为市场占有率第一名品牌。台湾 IDC 表示，第三季度出货量和第二季度（21269 台）呈现持平状态，仅下滑 0.1%，与 2013 年同期出货量相比，略微下滑 0.5%。

2014 年 3 月台湾地区电视面板出货量为 697.8 万片，环比增加 44.9%，1、2、3 月共出货 1686.8 万片。Optoma 奥图码科技再次于台湾地区 DLP 投影机市场，拿下 2014 年全年销量冠军，比 2013 年同期市场出货量增长 11.5%。

四、电子元器件

2014 年台湾地区集成电路产业全年产值为新台币 2 兆 1983 亿元，较 2013 年增长 16.4%，呈现第一季度触底，第二季度高峰态势。2015 年台湾地区 IC 产业将稍微回温，预估产值为新台币 2 兆 3330 亿元，较 2014 年增长 6.1%。IC 设计业部分，2014 年是中国 4G 元年，IC 设计业导入最先进 20 纳米制程，进一步降低成本，缩小与国际通讯晶片大厂的差距。另外，2014 年台湾地区电源管理 IC、感测元件业者大幅进军智能手机、穿戴式产品市场，2015 年也正逐步渗透，这将更有利于台湾地区 IC 设计业者营收增长。整体而言，台湾地区 IC 设计业前景乐观，2014 全年产值为新台币 5728 亿元，较 2013 年增长 19.1%。2014 年为台湾地区 IC 制造产业丰收的一年，延续 2013 年成长的气势，产值不断续创新高，达 11626 亿元新台币，较 2013 年增长 16.7%。在次产业方面的表现，晶圆代工受惠于移动通信装置的新产品推出及物联网装置对于特殊制程的需求，产值创下历史新高，达新台币 8965 亿元，较 2013 年增长 18.1%。2014 年全球 IC 设计产业美国以 60.3% 的市场占有率雄踞霸主，台湾地区则以 20.8% 的市场占有率紧随其后。

2014 年台湾企业投资大陆 LED 产业的金额已上升至 11.7 亿美元。其中，近 11 亿美元投入到 LED 外延片制造。台湾 LED 外延片芯片的十大厂家中的七家，晶电、光磊、鼎元、粲圆、华上、新世纪光电和隆达都在大陆合资或独资建厂。

企 业 篇

第十六章　计算机行业重点企业

第一节　英特尔公司

一、发展情况

英特尔公司 2014 全年总收入为 559 亿美元，同比增长 6%；毛利率 63.7%，同比提高 3.9 个百分点；营业利润为 153 亿美元，同比增长 25%；净利润为 117 亿美元，同比增长 22%。按事业部来看，PC 客户端收入 347 亿美元，数据中心收入 144 亿美元，物联网收入 21 亿美元，软件服务收入 22 亿美元，同比分别增长 4%、18%、19%、1%，移动与通信部收入仅为 2.02 亿美元，同比暴跌 85%，是公司唯一亏损的部门。

2014 年 8 月，英特尔凌动 Z3000 系列处理器全新亮相。Z3000 系列处理器基于 22 纳米 Silvermont 微架构，支持运行 64 位数据的指令，是首款可以兼容安卓和 Windows 操作系统的 64 位平板电脑平台。2014 年 9 月，酷睿 M 处理器推向市场。酷睿 M 处理器最大的特色是 14 纳米制程，超小封装体积，超低功耗，以及大幅度提升计算性能。凭借与生俱来的低功耗和高性能，酷睿 M 处理器可打造厚度不超过 9 毫米的无风扇 2 合 1 产品。

2014 年 9 月，基于高集成度全功能设计的思维，英特尔推出了 Edison 芯片。整个 Edison 芯片的开发是完全由英特尔中国研究院完成的。Edison 芯片配备了双核的 Quark SOC 芯片，是一款专门针对小型穿戴设备、智能物联设备等的计算平台。Edison 芯片采用 x86 架构可兼容处理器内核，支持 Linux 并能让多个操作系统运行复杂的高级应用程序，也就是双系统。支持 WiFi 和蓝牙连接，并拥有 LPDDR2 和 NAND 闪存以及各种可扩展的 I/O。官方公布最大耗电量为 1W，最低耗电量为低于 250mW。体积仅相当于一张 SD 卡，而整体处理性能相当于一台完整的"奔腾级电脑"。

二、发展策略

近几年，随着智能手机、平板的销售热潮席卷全球并迅猛发展，英特尔公司也逐渐从 PC 领域向外扩张，向移动设备领域进军。智能手机、平板电脑也用上了英特尔芯，不少搭载英特尔芯的数码产品得到了不错的评价。2014 年应该是英特尔公司在移动设备领域取得优异成绩的发展元年。

2014 年是英特尔公司在移动处理器市场重点发力的一年，Z3000 系列 /Core M 都是当中的代表作品，其工艺和技术同时也成为业界的新标杆。为了实现 2014 年售出 4000 万部采用英特尔凌动芯片的平板电脑，比 2013 年增加 3000 万部的目标，英特尔实施了多项举措，包括大力推进系统芯片（SoC）创新，建立强大的产品路线图和积极建设良好的生态系统，如在深圳成立英特尔智能设备创新中心，以及投资 1 亿美元成立"英特尔投资中国智能设备创新基金"。

英特尔继续针对各种移动设备外形进行芯片创新，为包括 PC、笔记本电脑、超极本、2 合 1 设备和平板电脑等在内的不同外形的移动设备带来更卓越的性能、更持久的续航、更丰富的功能以及更轻薄的外形设计。

随着智能物联设备的爆发，智能物联产品对内置的处理器需求也将大增，英特尔希望凭借 Edison 在智能物联和可穿戴设备领域称霸。

第二节 IBM

一、发展情况

云计算时代，IBM 原有的硬件、软件、服务的集团结构和财报体系受到巨大挑战：云计算使得平台化成为趋势，IBM 连续三年业绩和利润表现不尽如人意。

2014 财年，IBM 净利润为 120.22 亿美元，不及 2013 年的 164.83 亿美元。全年营收为 927.93 亿美元，比 2013 财年的 983.67 亿美元下滑 5.7%。IBM 全年来自于持续运营业务的净利润为 158 亿美元，比 2013 财年 的 169 亿美元下滑 7%；来自于持续运营业务的每股摊薄收益为 15.59 美元，比 2013 财年增长 2%。值得注意的是，2014 财年 IBM 云、分析、移动和社交（CAMS）及安全业务营收

达到 250 亿美元，占全部业务营收的 27%。其中云业务营收增长最为可观，达到 60%。

2014 年 10 月，在经过了连续 10 个季度的营收下滑困境之后，IBC 董事长兼 CEO 罗睿兰宣布放弃 IBM 公司此前制定的拟在 2015 年让公司经调整的每股利润达到 20 美元的目标，令业界震惊。

二、发展策略

IBM 正在进行二十年最大的战略转型，将其业务重点转向云计算、大数据分析、移动、社交和信息安全。这意味着 IBM 将更看重云计算，将工作重心从硬件领域抽离。

大型主机对于 IBM 的利润仍然至关重要。大多数分析师仍然预计大型主机业务——包括软件和服务，占到 IBM 利润的四分之一至三分之一。市场研究公司 Forrester 分析师理查德·菲契拉（Richard Fichera）说，银行、电信公司和零售商仍然利用大型主机处理海量的交易数据，大型主机基本上没有受到云计算服务的影响。

IBM 硬件部门即业绩下滑最多、深受云计算所累的 STG（系统科技部），包括存储、POWER 服务器、主机，该部门将与软件集团中的系统软件部门（包括数据库、中间件在内的 DB2、Websphere、Rational、Tivoli）进行合并。

IBM 通过与中国科技公司合作、用 IBM 软件结合中国硬件的方式来应对中国不断变化的科技产业政策。2014 年 4 月，IBM 将 POWER8 服务器芯片开放，包括谷歌等公司加入了 OpenPOWER 联盟。中国的 6 家厂商包括苏州中晟宏芯、江苏产业技术国际研究院、华胜天成、浪潮集团、中兴通讯、北京创和世纪也加入了 OpenPOWER 基金会，这意味着他们可以利用 POWER 芯片技术进行新的开发，设计具备新功能的芯片。5 月，IBM CMS 企业云与世纪互联战略合作，正式落地中国。在大热的公有云领域，虽然 IBM 起步并不早，但后程发力，大有弯道超车之势。6 月，IBM SoftLayer 云落地香港，为进入内地市场做足准备。10 月，IBM 在苏州市召开中国 POWER 技术产业生态联盟成立大会，以继续推动 IBM 此前开放的 POWER 芯片技术在中国市场上的推广，推动 POWER 芯片在国内市场的应用。11 月，IBM 与华胜天成战略合作，IBM 将向华胜天成提供高端计算领域相关产品的知识产权授权及技术支持；为了更好地消化和吸收这些核心技术，华胜天成将联合合作方，负责成立一家合资公司（在华胜天成的公告里面被称为 TOP 公司），在 IBM 输出的核心技术基础上，进行可信整合和国产化研发。

第三节　惠普

一、发展情况

惠普分拆后，主营企业硬件和服务业务的"惠普企业"和主营 PC 及打印业务的"惠普公司"自负盈亏。

市场调查机构 TrendForce 最新数据显示，惠普公司仍然稳坐 2014 年笔记本电脑出货量冠军的宝座，其市场占有率达 20.1%。打印机业务仍旧是惠普的优势所在，该打印机业务目前尚未有新兴业务及模式的冲击。2014 财年第四财季个人系统业务营收同比增长 4%，运营利润率为 4.0%。商业客户的营收同比增长 7%，消费者客户的营收同比下滑 2%。总出货量同比增长 5%，其中桌面电脑同比下滑 2%，笔记本电脑同比增长 8%。打印业务营收同比下滑 5%，运营利润率为 18.1%。总硬件设备出货量同比下滑 1%，其中企业硬件设备出货量同比增长 5%，消费者硬件设备出货量同比下滑 4%，供应业务营收同比下滑 7%。

惠普正在大力开发新产品 HP Moonshot 服务器、3PAR 储存器、HP 云系统。2014 第四季度惠普服务器的市场份额占 25.4%，位居第一，超过 IBM 和戴尔。企业部门业务营收同比下滑 4%，运营利润率为 14.8%。行业标准服务器业务营收同比下滑 2%，储存业务营收同比下滑 8%，企业关键系统业务营收同比下滑 29%，网络业务营收同比增长 2%，技术服务业务营收同比下滑 3%。企业服务业务营收同比下滑 7%，运营利润率为 6.8%。应用和企业服务业务营收同比下滑 6%，基础设施技术外包业务营收同比下滑 7%。软件业务营收同比下滑 1%，运营利润率为 31.1%。授权业务营收同比增长 2%，技术支持业务营收同比下滑 1%，专业服务业务营收同比下滑 5%，软件服务（SaaS）业务营收同比持平。

二、发展策略

惠普拆分的主要原因是减少对个人电脑业务的依赖，逐步向基于服务器、存储和网络的企业市场转型，让个人业务和企业业务两项差异越来越大的业务带来更快的增长速度和更大的灵活性，以便应对越发不同和快速变化的市场。拆分后的惠普能够对未来的市场有更加专注的态度，研发资金的利用也将更加合理。有分析认为惠普的打印业务具备了私有化的所有特质，分拆后的惠普公司将有可能回避公开市场，选择私有化，以寻求更多的长期战略增长。

惠普逐渐意识到自己的软肋在于软件和解决方案，因为软件收入只占据惠普总收入的不足4%，营收结构劣势明显。为此，惠普此前曾收购过英国第二大软件供应商 Autonomy、澳大利亚软件公司 Tower，最近又在计划收购云计算软件创业公司 Eucalyptus Software，以弥补软件方面的不足。此外，惠普也正在开展一些创新型业务，比如与地方政府合作，让社区云、大数据项目落地。

第四节　戴尔

一、发展情况

私有化后的第一年，戴尔这个世界上最大的私人科技公司，有了更多的自主权来领导公司的转型与发展。目前，戴尔更加清晰地将定位聚焦在云计算、大数据、移动和安全四大领域。

2014年，戴尔在 IT 基础设施中的服务器与存储领域均有重大更新。PowerEdge FX2 是最大的亮点，它拥有灵活的组合设计，其次是新一代 iSCSI 存储以及与 NUTANIX 合作的 Web 级超融合系统。在终端领域，戴尔 2014 年第三季度的 PC 出货量同比增长 19.7%，业界总体增长只有 4.3%。其 UltraSharp 系列显示器，能提供 5K 的分辨率（5120 x 2880），并带有全新的智能桌面设计，让操作者获得另类的"双屏体验"。

2014年，戴尔在全球范围内推动区域化管理，希望通过区域深化，更加靠近客户，理解客户需求，并提高运营效率。戴尔在深化区域管理的同时，也非常注重对行业客户需求的理解和服务。

2014年，根据已售出的内部和外部存储总容量来计算，戴尔是排名第一的存储提供商；在全球 x86 服务器市场上，戴尔继续保持市场份额第二的地位，并在亚太和日本地区依旧居市场份额第一；戴尔软件业务在全球范围内继续扩张，总体收入实现了两位数的增长，并在安全和信息管理领域拥有较强的实力，自一年前戴尔 PartnerDirect 合作伙伴计划引入软件业务以来，戴尔软件的渠道相关收入也实现了可观的两位数增长。除了企业业务以外，戴尔具有传统优势的 PC 产品的销售增长幅度也远超主要竞争对手。另外，在医疗、IT 外包等细分市场上，戴尔的优势也比较突出。

二、发展策略

实现私有化的戴尔可以不必受董事会会议和季度财务分析会议的干扰，能够更加快速地做出决定，公司对市场的反应更加灵敏，能够更快地针对具体的客户需求推出定制产品。完成私有化进程之后的戴尔，致力于如何将战略付诸实施，围绕转型、连接、洞察和保护四个战略层面。戴尔致力于六个领域的创新：灵活的转型服务、智能的融合基础架构、无缝的运交付、商务级别的设备互联、可访问的数据分析以及端到端的安全保障。

戴尔的发展策略是围绕"未来就绪的 IT"理念，打造端到端企业级解决方案，客户可以通过采用通用基础架构，协调自身步调演进和扩展 IT。戴尔通过融合，纵向扩展，并整合应用及基础架构，让 IT 更高效，同时组合开源软件和商品硬件让 IT 更类似于云，客户可以根据自己的需求来搭建 IT 平台，获得了极大的灵活性。戴尔在终端、存储、服务器、网络产品都制定了发展蓝图。

第五节　苹果

一、发展情况

2014 年，苹果在平板电脑和 PC 领域推出了一系列新品，如 iPad Air2 以及 Macbook Air 等。

2014 年第四季度，iPad 销量同比下降 21%，至 2140 万台。而苹果 CEO 库克预计 iPad 销售在未来一两个季度仍将持续低迷。库克认为影响 iPad 销售的主要原因在于 Mac 电脑和 iPhone 的销售从两方面对 iPad 销售造成了挤压。此外，相对于智能手机等其他移动设备，iPad 的升级周期更长，会进一步压缩 iPad 的销售。

Mac 出货量在 2014 年增长了 16%，苹果也因此超过华硕成为全球第五大 PC 品牌。2015 年第一季度，Mac 迎来了苹果公司成立以来的最好的一个季度，销量达到 552 万台，与一年之前相比增长将近 100 万台，MacBook Pro 和 MacBook Air 是 Mac 业绩获得突破性增长的主要设备。

二、发展策略

苹果的发展策略是追求硬件的完美，并在此之上衍生出用户体验一致性的软件和服务。苹果平台搭建更像是一个循序渐进的过程，硬件和软件能时刻保持一致，并苛求完美，这是苹果成功的秘诀。

苹果开始将公司的战略重点慢慢延伸至新兴国家，如中国、印度和巴西。苹果公司如果想更好地立足于新兴市场，除保证产品创新外，最关键的一点是要根据新兴市场目标客户的购买能力提供更为低端和廉价的产品以及加速零售渠道建设，实现零售渠道的跃进式增长。

苹果企业化战略也是下一阶段的重点。为了扩大在企业市场的成功，苹果已经与IBM达成合作，推出了"MobileFirst"系列企业移动解决方案，IBM还将为苹果产品在企业的部署提供支持和协助。这一合作取得了巨大进展，第一财季已经有超过130家公司签订了协议。花旗集团的分析师表示，受益于BYOD的流行，与IBM合作联手打造企业移动解决方案将会在企业级市场上促进苹果销量的上涨。此外，企业客户会更加倾向于iPad类的大屏产品，这或将为下滑的iPad销量带来利好。企业客户或将为苹果带来新的利润增长点。苹果已聘请惠普前高级副总裁约翰·所罗门，强化向企业和政府市场销售硬件的努力。

第十七章　通信设备行业重点企业

第一节　苹果

一、发展情况

苹果公司由史蒂夫·乔布斯、斯蒂夫·沃兹尼亚克和罗·韦恩等三人于1976年4月1日创立，并命名为美国苹果电脑公司，2007年1月9日更名为苹果公司，总部位于美国加利福尼亚州的库比蒂诺。苹果公司在2014年营业收入为1827.95亿美元，位列世界500强排行榜中第15名。2014年，苹果品牌超越谷歌，成为世界最具价值品牌。

苹果作为当之无愧的明星企业，在2014展现了令人信服的产品、营销和创新能力。2014年，苹果召开了两场新品发布会，发布了两款全新手机（iPhone 6和iPhone 6 Plus）、两款平板电脑（iPad Air 2和iPad Mini 3）、一款One More Thing的智能手表，此外还有Apple Pay、iOS 8、Swift语言等。

Computer World统计数据显示，2014财年，苹果售出2.43亿部iOS设备，和1900万台Mac电脑，这是苹果史上最高的销量。2014年，在PC市场继续缩水的情况下，Mac的销量攀升了9.3%，其中，在中国Mac的销量比2013年攀升了54%。企业市场中，苹果占据了69%的已激活移动设备和88%的App企业用户；98%的财富500强公司和93%的世界五百强公司在使用iOS的设备。截至2014年9月，2014财年iPhone的销量是1.6922亿部，较2013年的1.50226亿部增长了12%；10至12月，全球五款最畅销智能手机中，iPhone占据了四席。

表 17-1　2014 年苹果公司发展情况表

类型	内容
智能手机出货量	2014年智能手机出货量1.93亿部，同比增长26.1%。
平板电脑出货量	2014年平板电脑出货量6340万台，同比下降14.6%。
产品发布	9月10日，苹果公司发布了两款新iPhone，分别为4.7英寸的iPhone 6和5.5英寸的iPhone 6 Plus；另外还发布了智能手表Apple Watch以及移动支付平台Apple Pay和新版iOS 8.0系统。
	10月17日，苹果再次召开新品发布会，发布了超轻薄的iPad Air 2、iPad mini 3、视网膜iMac、新款Mac mini以及iOS8.1系统。
研发创新	A8处理芯片、iOS 8.0系统、HealthKit和Apple Pay平台。
移动支付	Apple Pay是苹果10月份推出的一种基于NFC的手机支付功能，自上线以来，已经占据数字支付市场交易额的1%。
市场份额	2014年全球市场占比为16.4%；2014年第四季度，美国市场占比为47.7%，中国市场占比为21.5%。
供应链	2014年10月，由于苹果未在2014年销售搭载蓝宝石屏幕的AppleWatch，导致其蓝宝石屏幕供应商GT Advanced Technologies损失惨重，我国部分企业因购买大批蓝宝石生产设备也损失严重。
投融资	5月29日，苹果公司宣布以30亿美元收购Beats Electronics LLC，创下了苹果公司有史以来最大的一笔交易。报道称，苹果将支付不到5亿美元收购Beats音乐流体服务，另外25亿美元用于收购Beats电子，包括该公司流行的耳机和扬声器系列。
信息安全事件	9月，上百张美国女明星的照片被泄露在4chan，并迅速在网上传播开来，有黑客认为iCloud安全漏洞是导致照片泄露的主要原因。
App应用促销	11月19日，我国市场苹果应用商店多款应用降价销售，其中不乏热门游戏和日常应用，仅售1元或3元，就能买到此前十几元的APP。
最高市值	7000亿美元，为全球市值排名第一的企业，市值超过俄罗斯股市。

数据来源：赛迪智库整理，2015 年 3 月。

二、发展策略

（一）转战大屏手机市场

随着 iPhone 与安卓手机之间的差距越来越小，苹果已经不再有资本以小屏幕去和安卓机竞争。2014 年 9 月，苹果发布 4.7 英寸的 iPhone 6 和 5.5 英寸的 iPhone 6 Plus，转战大屏手机市场，提高对安卓阵营的竞争力。受大屏 iPhone 的驱动，苹果于 2014 年第四季度共计售出 7446.8 万部手机，创下历史最高记录。

（二）积极布局连接战略

2014 年 6 月 3 日苹果开发者大会上，苹果公司公布最新移动操作系统 iOS8、新 mac 系统 Yosemite、智能家居 HomeKit、编程语言 Swift 等。与以往不同的是，这次 WWDC 大会几乎没有硬件方面的发布，而是积极布局连接战略。在过去，苹果公司已经实现了 PC 和移动端的数据层连接，也通过 OS 实现了一体化体验模式的连接，而这些是抽象的连接，这次开发者大会公布的 HomeKit 智能家居平台则是一个很具体的连接，苹果公司希望自己的手机或 iPad 成为智能家居的大脑和中枢。同样的连接发生在游戏 SpriteKit、健康 HealthKit，今后还可能扩展到更多的领域，连接一切与生活密切相关的东西。同时，苹果公司发布的新编程语言 Swift，类似 Go 语言，是一种快速开发的高级语言。语言是构造连接和连接单元的最佳武器，苹果公司连接战略中始终把开发语言和工具放在重要位置。

第二节　三星电子

一、发展情况

三星电子是韩国最大的企业集团——三星集团下属的旗舰企业，成立于 1969 年，是全球最大的电子信息产品制造商之一。

2014 年，三星电子推出了 Galaxy S5、Galaxy Note Edge 和 Galaxy Table S 等系列产品。但受手机销售整体疲软的影响，三星电子收入和利润呈现双重下滑趋势。其中，2014 年 Q1 至 2014 年 Q4，三星电子连续四个季度净利润同比下滑。全年来看，三星电子在我国市场的手机出货量为 5840 万部，市场份额为 14.38%，低于小米公司的 6080 万部，排名第二。

表 17-2　2014 年三星主要发展情况

类型	内容
智能手机出货量	2014 年智能手机出货量 3.12 亿部，同比下降 1.3%。
平板电脑出货量	2014 年平板电脑出货量 4020 万台，同比增长 1.1%。
发布产品	三星发布了高端智能手机 Galaxy S5、Galaxy Alpha、Galaxy Note Edge 和平板电脑 Galaxy Tab S 等；智能佩戴设备 Gear 2、Gear 2 Neo 和 Gear Fit、GALAXY PRO 系列平板电脑。
市场占比	2014 年，三星电子全球市场占有率为 24.4%，低于 2013 年占比的 32.1%；三星电子 2014 年在我国地区市场占有率下降近 1/3，跌至 13.7%，与联想（10.7%）、苹果（9.4%）、华为（8.5%）、酷派（7.7%）的差距在逐渐缩小。
研发创新	曲面显示技术、双曲面屏幕；其中，曲面屏手机是三星创新的体现。
专利布局	美国专利及商标局（USPTO）2014 年度授权专利的统计结果，专利持有大户排行榜中，三星名列第二，授权专利 4952 件，仅次于 IBM。

（续表）

类型	内容
研发投入	三星研发费用方面的投资自2010年以来已经增加了27%，该公司2014年研发人员规模已经扩大至6万多人。2014年，三星将其营收的6.4%份额（约134亿美元）拿出来用于研发创新。截至2014年年底，三星在我国一共设立了10家研究所，研究人员规模超过7000人。
业务下滑	2014年，三星销售和利润都是呈下降趋势。在一些至关重要的市场，三星的市场份额甚至不如一些新兴厂商，例如，在中国和印度这些新兴市场，三星的市场份额都不如小米。原因有：中国和欧洲市场竞争过于激烈、中低端手机销量不足、价格不占优势、3G产品需求降低、营销成本过大、产品布局过份依赖智能手机、软件生态缺乏建树等。
市值变化	受中国以及部分欧洲市场竞争加剧、整体智能手机市场成长趋缓影响，2014年全年，三星公司市值缩水了近300亿美元。

数据来源：赛迪智库整理，2015年3月。

二、发展策略

（一）持续在技术和产品方面进行创新

一是通过发布曲面显示技术引领技术创新优势。二是凭借4G终端巩固在中国市场的领先优势。三是面对越来越多的金属机身带来的压力，三星从 Galaxy Alpha，Galaxy Note 4，Galaxy Note Edge 到最新的 Galaxy A3 和 Galaxy A5，短期内推出了多款采用金属机身的智能手机，放弃了塑料机身。

（二）押注物联网

随着手机销量利润的下滑，三星开始把目光转向物联网。三星声称已经制定了物联网发展时间表。按照时间表，到 2017 年，三星所有视听设备都将成为物联网设备，到 2019 年三星所有硬件设备均支持物联网。

（三）积极在中国市场进行战略调整

一是三星将中国业务的重心从之前的简单组装制造业转向资本集约型的尖端技术产业，不断地扩大技术投资，大幅度强化在中国本土形成设计、研发、生产、营销、客户服务全产业链的布局。二是三星在进入中国初期为了实现出口而主要将重心放在了东部沿海地区，如今将大规模增加对中西部地区以及东北地区的投资。三是为顺应我国政府提出的在金融、文化、医疗、建设等领域全面展开深化改革的政策，三星中国将把事业重点从以电子为主的产业布局扩大到金融、医疗、城市建设等各个领域。

第三节 思科

一、发展情况

思科系统公司（Cisco Systems, Inc.）成立于 1984 年 12 月，总部设在美国加利福尼亚州圣何塞，目前，思科系统公司已发展成为世界领先的网络互联解决方案厂商，思科提供的解决方案覆盖世界各地成千上万的公司、大学、企业和政府部门，思科用户遍及电信、金融、服务、零售等行业以及政府部门和教育机构等。同时，思科也是建立网络的中坚力量，思科制造的路由器、交换机和其他设备承载了全球 80% 的互联网通信，成为硅谷中新经济的传奇。在过去的 20 多年时间里，思科几乎成为了"互联网、网络应用、生产力"的同义词，思科公司在其进入的每一个领域都成为市场的领导者。

根据思科发布的截至 2014 年 7 月 26 日的 2014 财年全年业绩报告：根据通用会计准则（GAAP），2014 财年思科销售额为 471 亿美元，同比下降 3%；2014 财年净收入为 79 亿美元，同比下降 21.3%；每股收益为 1.49 美元，同比下降 19.9%。根据非 GAPP 准则，2014 财年净收入为 109 亿美元，同比持平；每股收益为 2.06 美元，同比增长 2%。

二、发展策略

（一）技术上持续创新

一是以"以应用为中心"发展 IT 网络基础设施，推出了全新的 ACI 基础设施架构，将网络、存储、计算、服务、应用和安全保护等 IT 组件有效统一起来，并作为单一的动态实体进行管理，将物理与虚拟网络的 IT 资源全面可视化与集成管理。二是基于"万物互联"理念，构建了 Intercloud（云网络），采用分布式的网络和安全架构，支持高价值应用的承载，提供云数据实时分析能力和"近乎无限"的可扩展性。

（二）深化企业间合作

一是与微软实施一项为期三年的合作协议，把统一计算系统（UCS）等产品融合到数据中心解决方案当中，以及 Nexus 网络交换机与微软的云操作系统等产品整合，包含 Windows Server、SQL Server、Hyper-V、Azure 云平台。二是与 TCL 集团联合成立广州科天智慧云信息科技有限公司。公司首期投资 8000 万美元，将投资建设商用云服务平台，并在云计算、下一代视频通讯和交互技术等领域展开深入探索与发展。

第四节　高通

一、发展情况

美国高通公司（QUALCOMM），成立于 1985 年 7 月，总部驻于美国加利福尼亚州圣迭戈市，是全球最大的无线芯片厂商、世界 500 强企业之一。美国高通公司在以技术创新推动无线通讯向前发展方面扮演着重要的角色。

作为全球最大的 IC 设计企业，高通主要分为两个部分，分别是高通技术授权部门（QTL）和高通技术部门（QCT），QTL 负责专利授权，QTI 负责芯片研发，两家公司相互独立，这两个部门在 2014 财年的销售收入分别为 167 亿美元和 76 亿美元。高通公司的技术授权部门与 ARM 公司类似，也分为技术授权费和版税。客户也主要有两类，一类是手机芯片设计公司（如联发科、展讯等），一类是终端设备厂商（如华为、HTC 等），但不重复收费，即只要手机芯片设计公司支付了专利授权费，终端设备上便不用重复支付，反之亦然。

表 17-3　2014 年高通公司营业收入情况

	一季度	二季度	三季度	四季度	2014全年
营收（亿美元）	66.2	63.7	68.1	66.9	264.9
技术收入（亿美元）	19	20.7	18	17.9	75.6
芯片收入（亿美元）	46.1	42.4	49.5	48.5	186.6
净收入（亿美元）	1.88	19.6	22.4	18.9	79.7
MSM芯片出货	213	188	225	236	861

数据来源：赛迪智库整理，2015 年 3 月。

二、发展策略

（一）巩固移动终端市场

2014 年，高通在继入门级骁龙 400 系列、高阶骁龙 800 系列后，又推出中阶骁龙 600 系列，并在多模多频上抢占手机市场。同时，推出 64 位的 8 核芯片骁龙 610 和 615,巩固高端芯片市场。同时，又推出多款廉价芯片,以满足中国"中华小酷联"等企业的需求。

（二）优化加工制造环节

2014 年，高通在芯片代工方面采用多元化策略，首先为获得中国市场，高通与中芯国际合作，让其代工基于 28nm 工艺的骁龙芯片产品。同时为了获得更先进的 14nm 工艺制程，高通也将其骁龙 810 系列产品从台积电转移至三星，以确保芯片技术竞争力。

（三）加大研发投入，不断开发新业务

2014 年，高通继续保持在通讯领域的技术优势，其移动智能终端芯片出货量高居全球第一，并与排在后面的联发科和展讯拉开较大差距。同时，美国高通公司加大汽车、物联网、移动计算和互联网领域投入力度。在 2014 年，高通也承诺在中国投入最高达 1.5 亿美元的战略投资基金，发展投资新业务领域。

（四）实施专利捆绑

由于高通掌握着核心专利，在授权时通过捆绑的方式，将一些非核心专利甚至是过期专利一同授权，以收取高额利润。同时被授权的手机厂商需要将其拥有的专利许可反向授权给高通，高通的芯片卖给其他家手机生产商，也就不用再向原手机厂商买专利。由于高通也在使用这些专利自行生产芯片，因此通过捆绑方式进一步打击竞争对手。但该策略在 2014 年遭受到我国发改委的反垄断调查，最终被施以惩罚和整改。

（五）积极对中国企业进行战略投资

2014 年 7 月 23 日，高通宣布面向处于各阶段的中国初创企业，进行总额最高达 1.5 亿美元的投资承诺。高通将持续投资中国公司以推动移动技术在互联网、电子商务、半导体、教育以及健康领域的进一步发展。同时高通也宣布，移动教育初创企业剑桥 WoWo 和移动健康公司薄荷科技于近期获得了高通的投资。高通的风险投资部门将指导并管理这些战略投资的相关投资活动。

第十八章　家用视听设备行业重点企业

第一节　三星

一、发展情况

（一）总体概况

三星电子是韩国最大的具有全球影响力的电子工业集团，业务范围涵盖音视频产品、通信电子、IT 产品和家电产品。在音视频产品方面，三星有世界最多的液晶面板生产线，彩电市场占有率多年位居全球首位。自 2014 年以来，受手机销售疲软的影响，三星电子销售额和营业利润呈现双重下滑趋势。据三星最新公布的 2014 年财报显示：2014 年三星全年营业利润为 24.94 万亿韩元，较 2013 年减少 32.21%；全年销售额为 205.48 万亿韩元，较 2013 年减少 10.15%。

（二）彩电销售情况

三星彩电凭借全球领先的技术和绝佳的用户体验一直稳居全球彩电市场销售冠军宝座。据 DisplaySearch 发布的数据显示，三星 2014 年平面电视市场占有率达到 29.2%，创下历年新高纪录，且与对手 LG（16.7%）的差距扩大至 12.5 个百分点。这是三星自 2006 年以来连续九年稳居全球彩电市场冠军宝座。除此之外，三星的高解析度（UHD）电视在 2014 年也首度取得领先优势，市场占有率自 2013 年的 11.9% 增至 34.7%，进步超过 20 个百分点，且首度占据全球榜首地位。在 2014 年全球彩电市场整体呈现销售疲软态势的情况下，三星依然将 2015 年全球销量目标锁定在了创纪录的 6000 万台。

二、发展策略

（一）产品战略采取"UHD 电视 +QD 电视"的双轨制度

作为全球电视技术引领者的三星电子在 2014 年推出了多款引领全球彩电新风向的电视产品。最强大的 UHD TV 阵容、革命性的曲面 UHD TV、更加智能人性化的 Smart TV，以及 QD 电视等。以突破性的超高清画质、卓越的硬件性能、简约时尚的外观设计、便捷的智能操控技术和更为丰富的应用内容，满足了用户全方位的需求。但与 LG 电子采用"OLED 电视 +QD 电视"的双轨制不同，三星电子采取的是"UHD 电视 +QD 电视"的双轨制。由于 OLED 电视良品率低、成本高等问题一直无法得到有效解决，三星宣布停产 OLED 电视，放缓 OLED 研发力度，转投量子点背光技术的 LCD 电视，并力推曲面概念。

（二）强化自主操作系统 Tizen 的推广和应用

三星一直在坚持采用自己的操作系统，从硬件和操作系统两个方面打造自己的生态链。Tizen 操作系统是三星在平台打造方面最为明显的举措，此举被视为三星去谷歌化的重要步骤。近几年 Tizen 的发展一直中规中矩，未见明显起色。目前，使用 Tizen 软件的电子产品有若干款智能手表和照相机。但三星一直在专注 Tizen 的发展。2014 年三星陆续推出搭载 Tizen 操作系统的智能电视和智能手机，同时进一步强化 SmartHome 智能家居体系，使智能电视、智能手机和智能家电实现互联互通和丰富应用。随着 Tizen 操作系统的普及和完善，三星智能电视的生态系统建设取得初步成效。

第二节　索尼

一、发展情况

索尼是全球民用及专业视听产品、游戏产品、通信产品核心部件和信息技术等领域的知名跨国企业。主要产品和服务包括液晶彩电、数码相机、笔记本电脑、家用摄录放一体机、家庭影院系统、DVD 播放机、数据投影机、聚合锂离子电池等。据索尼发布的 2014 财年第三季度（2014 年 10 月 1 日至 2014 年 12 月 31 日）财报显示，2014 财年第三财季营收为 2.567 万亿日元（约合 212 亿美元），运营利润为 1820 亿日元（约合 15 亿美元），净利润同比增长 2 倍多至 900 亿日元（约合 7.42 亿美元）。汇率利好影响，移动通讯业务中智能手机销售显著增长，部件业务中影像传感器的强劲表现以及 PS4 带来的游戏和网络服务业务的显著增长是收入增长的主要原因。

二、发展策略

（一）通过重组提高管理效率

为了摆脱长期亏损的不利局面，充分发挥公司优势资源的盈利能力，以及使公司各项业务能够变得更加灵活和高效，索尼在 2014 年年初即开始对其内部业务进行了大刀阔斧的改革，以期通过兼并重组、优化公司业务结构和规模、明确业务运营责任等措施实现在 2015 年度扭亏为盈的战略目标。针对电视业务，索尼在 2014 年 7 月把现有的电视部门拆分出去，成立新的全资子公司来专注运营旗下电视业务。新公司定名为"索尼视觉产品公司"。分拆后的电视业务子公司将根据市场需求和业务环境变化进行快速应对。未来 4K 电视将是其主打产品之一。公司会通过调整产品组合以巩固其在 4K 市场的领先地位，同时继续专注于采用广色域和高画质技术的高端产品型号的销售占比。与此同时，索尼还将针对新兴市场开发适应本地需求的产品，从而进一步开拓新市场。通过这一系列举措，索尼希望其电视业务在 2014 财年实现扭亏为盈的战略目标。

（二）通过成本削减措施提升盈利水平

实施全方位成本削减措施是索尼 2014 财年实现扭亏目标的重要手段。具体做法是：一是精简部门，优化集团内部架构。通过拆分、重组、精简部门以实现优化公司架构的战略目标，未来索尼的业务部门将更加集中且高效；通过明确每一个国家和地区的重点产品类别，相关支持部门的管理职能将持续优化且管理思路将更加清晰；通过主动采取外包和优化生产流程及运营水平，企业管理费用将持续下降。二是精简人员，进一步减员增效。索尼计划到 2014 财年底削减约 5000 个职位（其中日本 1500 人，海外 3500 人）。为了能够顺利实现改革目标，索尼在 2013 财年追加了约 200 亿日元的结构改革费用，并在 2014 财年产生约 700 亿日元的结构改革费用。而这些改革措施将从 2015 财年初显成效，每年 1000 亿日元的固定费用将得到削减。三是加速电子业务结构调整，精选研发项目。未来索尼将聚焦高端产品研发，抢占高端产品市场。近几年，索尼的中低端产品市场份额受到严重挤压，从中长期看这种态势将会持续。基于此，索尼在 2014

年进行了产品策略的调整，将集中优势资源进行高端产品的研发。而且会更加务实的分析各地区的产品线结构，根据分析进行优质高效的资源分配。

第三节 LG

一、发展情况

LG 电子作为在消费类电子产品、移动通信产品和家用电器领域内具有全球竞争力的跨国公司，产品和服务覆盖家庭娱乐、移动通信、家用电器、空调和商用解决方案五个业务板块。家庭娱乐产品包括液晶电视、音频、视频、光学存储器。2014 年，LG 集团总收入为 59.04 万亿韩元，净利润为 5014 亿韩元，净利润同比大幅增长 125%。经营利润显著增长，从 2013 年的 1.25 万亿韩元增至 1.83 万亿韩元，增幅为 46%。LG 电视 2014 年的全球出货总量在 3200 万台左右，2015 年的目标是 3600 万，LG 已经成为全球霸主三星电视最直接的挑战者。

二、发展策略

2014 年，LG 电子采取了持续发力核心竞争优势、不断推出创新型产品、加强产业链上下游控制能力的发展战略。LG 推出了曲面 OLED 电视、webOS 系统的 4K 电视、8K 电视、超宽屏 5K 曲面电视等不同型号的智能电视新品。

在显示技术方面，LG 坚持推进 OLED 电视。受到良品率低、产能有限、售价较高、市场份额较小等因素的影响，以三星为代表的全球众多厂商停止 OLED 电视研发。但 LG 坚定认为 OLED 电视是下一代电视的必然选择，市场前景光明，并投入大量人力物力加强 OLED 电视的研发力度。LG 在 2014 年 8 月发布业内首款 4K OLED 电视，并计划整合位于北美、中南美、欧洲和亚洲专用于 OLED 生产的全球制造体系。通过制造技术的改进和关联公司之间的协同作用，进一步增强 OLED 电视的价格竞争力。同时，LG 努力扩大 OLED 电视阵容，增加市场供应并配合积极进取的营销战略。这一系列举措将有效推动 OLED 电视的销售增长。

LG 在操作系统方面采取双线发展策略。LG 智能电视在发展过程中采用的是 Android 和 webOS 双线发展的策略，即两种系统都会出现在 LG 电视中。经过一年的市场检验发现消费者对于操作系统的关注度并不是很高，操作的便捷性才是吸引消费者的关键要素。经过 LG 打造的 webOS 智能系统以"简单链接、简单切换、简单发现"为宗旨，在多任务、触屏手势控制和多网页切换等方面有明显的优势，系统的流畅性、稳定性以及安全性方面也十分出色。消费者对 webOS 智能操作系统的使用便捷性反响也更好。所以 LG 电视未来将侧重 webOS 系统，并逐步减少对 Android 系统的依赖。这对于公司自主生态建设无疑是有效的推进。

第四节　夏普

一、发展情况

夏普是具有全球影响力的日本电子信息产业集团，业务覆盖家用电器、数码通信、办公设备、太阳能产品和工程专用产品等多个业务模块，液晶面板和电视是夏普公司在多媒体领域最具代表性的产品。夏普不仅拥有先进的液晶技术和充裕的面板产能，也拥有强大的终端整机研发制造能力。2014 年，由于主要产品液晶面板的利润率下降，以及电视机等主营业务出现亏损，夏普集团 2014 年净利润为亏损 2223 亿日元。公司在 2013 年实现短暂盈利后再次陷入亏损境地。

二、发展策略

（一）转移经营重心

由于价格竞争激烈、经营环境恶化导致公司出现严重亏损，夏普接连宣布退出欧洲和北美市场。但中国市场依然是夏普主要的海外盈利来源。2014 年财年度，夏普在中国营收总额达 11400 亿日元，占夏普海外营收比重达 62.8%。在中国地区，夏普战略转型步伐加快，针对中国不同的细分市场，产品线实现高中低端全覆盖。同时为适应中国市场电商渠道的快速发展，夏普实施了"电商渠道超高速发展计划"，加大线上销售渠道的建设。同时，夏普还注意与电商渠道客户合作制造夏普品质的定制产品。

（二）实施差异化技术创新战略

在显示技术领域，夏普并未跟随行业 4K 电视热潮，而是继续挖掘 2K 电视产品创新属性，推出采用新一代四色技术的 LX960A 系列"2K 全高清"液晶电视新品。四色技术是夏普独有的液晶技术，可以实现更广阔的色域以及更加生动地表现明亮鲜艳的影像。夏普推出这样一款"可以挑战 4K 画质的 2K 电视"，主要是是基于目前 4K 片源匮乏、4K 电视面临发展瓶颈的现状考虑的。为了扩展产品线，夏普一改往日保守封闭的策略，适度开放夏普的显示技术，采取"合纵连横"的战略部署，即通过从其他 8.5 代线外购 50 吋及 58 吋的面板以填补现有电视机产品线中的空白，以实现产品线对高中低的全覆盖。同时夏普彩电将实现全线产品智能化，部分产品采用联想的智能系统，另一部分采用夏普自主研发的智能系统。

第五节　松下

一、发展情况

松下集团是全球性电子厂商，产品线除了家电以外，还生产其他电子产品，如 DVD、DV（数位摄影机）、数码相机、MP3 播放机、笔记型电脑等、电子零件、电工零件（如插座盖板）、半导体等。2013 财年刚刚摆脱亏损泥潭的松下电器，2014 财年二季度处于盈利状态，然而利润额却大打折扣。在截至 2014 年 12 月底的第三财季，该公司运营利润为 1133 亿日元，比 2013 年同期的 1166 亿日元下降了 2.8%。据松下预测，2014 财年的全年运营利润预计将达 3500 亿日元。

二、发展策略

2014 年，松下采取了诸多变革措施，力争 2018 年度实现 10 万亿日元的销售额。一是将松下家电业务部门与 AVC 网络业务部门合二为一，组成一体化的家电事业集团，以强化公司家电业务竞争力。二是缩减自主产能。为了减少电视所造成的亏损，松下采取了缩小自主生产比重的策略。将部分产品扩大委托给中国厂商生产。目前松下在全球有着 10 家电视生产工厂，今后电视生产的主要业务会集中在马来西亚、捷克以及日本这三家工厂。松下位于墨西哥的工厂产能将缩减达六成，这个工厂主要是为北美市场提供产品。而之前生产等离子电视的泰国工厂，则转为生产车用零组件产品之用。三是放弃等离子电视业务。松下曾经是等离子电视领域的绝对王者，拥有绝佳的口碑。但随着中韩电视品牌的崛起以及液晶电视的技术突破，等离子电视市场空间逐渐萎缩。在终止等离子电视业务之后，松下等离子电视业务的研发人员及研发经费都将会调往 OLED 研发部分。目前，松下的技术重心及市场重心都放在了 LCD 和 4K 电视。新推出的 AX800 系列拥有"近乎于原生状态的画质"，而新的全高清系列电视中，既有基本款，也有高端性能机型。此外，松下还推出了基于 Smart TV 平台的"Life+"系统，通过这个新系统，用户可以在云端观看更多的网络电视节目。松下希望凭借其强大的技术优势重新奠定其在全球电视市场的优势地位。

第十九章　平板显示行业重点企业

第一节　三星显示（Samsung Display Company）

一、发展情况

三星显示有限公司（Samsung Display Co., Ltd.）位于韩国忠清南道牙山市，为三星集团旗下的子公司，是专门生产 TFT-LCD 液晶电视所需液晶面板的公司。2012 年 7 月 2 日，三星显示（Samsung Display Company）正式成立。它是由三星电子 LCD 板块、三星 Mobile Display（SMD）以及 S-LCD（三星电子和索尼在2004 年各持 50% 股份共同合资，专业生产液晶电视面板）合并而成。三星显示在大型 LCD、中小型 Display、AMOLED 等所有显示器的领域的排名均位居全球前列，尤其是 AMOLED 领域，三星显示凭借全产业链优势，占据了全球 97% 以上的市场份额。

2014 年第三季度，三星显示面板部门营收年减 23% 至 6.25 兆韩元；收益年减 94% 至 600 亿韩元，第四季度受年底季节性需求影响，三星 UHD 面板、曲面面板和 60 英寸以上高端电视面板出货量和均价都呈现上涨趋势，2015 年三星AMOLED 面板出货量将因客户来源扩增而不断走高。不过，由于平板以及电脑显示器市场增长趋缓，PC 用面板营收受到一定的冲击。2015 年，三星将积极拓展 AMOLED 面板市场，同时将在柔性 AMOLED 产线方面加大投资，新产线有望在 2015 年第二季度开始量产。

2014 年三星与中国大陆市场的合作进一步紧密。2013 年 10 月，苏州三星 8.5代线（2200 ㎜ × 2500mm）液晶产线正式竣工，2014 年进入量产。该产线占地面积 17.3 万平方米，与中国企业 TCL 集团共同投资建设，将生产超高清、全高清的48、55英寸液晶面板产品。

二、发展策略

（一）以柔性应用为发力点推动产品创新

2014年，三星显示器在曲面屏幕和超高清分辨率两大趋势的基础上，结合三星全产业链优势，先后开发出多种新产品。小尺寸方面，三星推出了全球首款可折叠屏幕，尺寸为5.68英寸，这款屏幕采用塑料基底，是与薄膜类似的聚酰亚胺材质，这种材料具有更容易弯曲的特质。此外，该屏幕本身还内置一块金属网触摸层，而不是铟锡氧化物薄膜，后者在弯曲的时候容易损坏。金属网触摸层在屏幕多次弯曲的时候能够保证不会损坏图像质量。虽然现在还只是原型，但这是可折叠屏幕的一个伟大成就。在大尺寸方面，三星发布了分辨率为3840×2160的28寸显示屏，支持10bit颜色和1毫米响应速度，这些属性很适合游戏或者观看电影。

（二）加大AMOLED面板产线投资力度

为确保在AMOLED方面的优势，三星不断加大在AMOLED方面的投资，2014年4月三星确定了位于韩国忠清南道牙山的A3工厂的新投资计划，计划在2015年投入量产。A3工厂一期资本支出最高2兆韩元（约19亿美元），加上未来的二期、三期工程总投资规模可达6兆韩元（约58亿美元）。A3工厂将主要生产面向智能手表、智能手环等穿戴式装置，以及曲面手机的可弯曲OLED面板，预计每条生产线的月产能可达1.5万—2万片，年产量相当于2000万部5—6寸的智能手机。三星之所以急于让A3工厂在年内就投产，就是为了尽快确保产能和良品率，2015年的双旗舰Galaxy S6、Galaxy Note5都将采用该工厂产出的可弯曲OLED屏幕。

第二节　乐金显示器（LG Display，LGD）

一、发展情况

乐金显示公司（英文：LGD）是一家设立于韩国的液晶面板的制造商，为LG集团的子公司。前身是LG Philips Display，由韩国乐金电子公司与荷兰皇家飞利浦电子公司两家公司合资组成，飞利浦公司在2008年卖出所持股份，公司从此成为 LG 集团的子公司。

在开拓中国大陆市场方面，2014 年 8 月，LGD 广州 8.5 代液晶面板生产线正式启动量产，该产线由 LGD、广州开发区及中国彩电企业创维以 70 : 20 : 10 的比例投资，计划生产 4K 超高清面板，这将进一步提升 LGD 在国内市场的竞争优势。

在产线建设方面，2014 年 LGD 日前开始兴建安装新的 LTPS 生产线设备，目标瞄准移动电话等高端显示器市场。LGD 计划投资总金额 5，771 亿韩元（不包含厂房兴建成本），设立一条 8 代 LTPS 生产线，月产能为 2 万片玻璃基板，量产日期预计为 2017 年第一季。

在 OLED 电视方面，LGD 始终保持着领先优势，尤其是在 2014 年，LGD 超越三星成为全球唯一量产 OLED 电视的企业。并且成立了新的 OLED 部门，专门负责将 OLED 技术发展为可上市的产品。未来所有与 OLED 相关的规划都将交由新的 OLED 事业负责，LGD 同时成立新的部门，负责 OLED 采购客户的事宜。2015 年，LGD 计划进一步提高 OLED 面板产量，压低 OLED 电视的售价，从而保持在 OLED 电视方面的绝对优势。

二、发展策略

（一）加大 AMOLED 电视产线建设

受液晶技术不断演进优化的影响，大尺寸 AMOLED 电视的发展受到冲击，2014 年甚至一度传出三星打算放弃 AMOLED 电视的研发。因此 LGD 成为唯一潜心发展 AMOLED 电视的面板企业。2014 年 6 月，LGD 宣布将投资 7000 亿韩元扩大 AMOLED 面板产能，目标是下半年将韩国坡州 8 代厂每月投片量提高至 3.4 万片。LGD 扩产 AMOLED 主要是为了满足电视面板需求，供给 55 吋大尺寸电视使用，但也考虑扩大生产中、小尺寸塑胶 OLED 面板，争取新型移动智能终端和可穿戴设备显示市场。比起先前的映像管或是液晶显示器，LGD 认为，AMOLED 未来成为主流的速度还会更快，公司在 AMOLED 业务方面的巨大投入将在 2015 年取得巨大成果。

（二）高分辨、窄边框、低功耗、可弯曲为企业技术创新方向

OLED 电视、曲面显示以及高清晰显示是 LGD 技术研发的方向。2014 年 3 月，LGD 开发出新型 UHD 超高清硬屏液晶面板的节能技术，在液晶面板像素中

添加白色子像素提升发光效率的方法将 UHD 屏幕的能耗降低 30%，亮度则提升 60%。2014 年 8 月，完成 18 寸弯曲的 OLED 面板研发，这款面板解析度目前在 1200×810，接近 100 万像素，曲率半径为 30R。2014 年 10 月，推出 5.3 英寸窄边 LCD 面板，应用 Neo Edge 模组工程技术与 AIT 技术，LGD 将其边框厚度控制在 0.7mm，刷新了此前由 2014 年日本显示公司（JDI）保持的最窄边框纪录。

（三）积极开展与韩国之外的消费电子企业合作

LGD 积极拓展与其它消费电子企业的合作，以便为 LGD 面板提供更多的出海口。AMOLED 方面，LGD 加大了与苹果的合作，有望成为苹果 iWatch 屏幕供应商，向苹果提供 1.3 寸和 1.5 柔性 AMOLED 屏幕。此外，LGD 积极开展与日本和中国大陆电视机品牌的合作，拓宽 AMOLED 面板需求。2014 年 LGD 与松下洽谈提供大尺寸 OLED 电视面板，帮助松下降低生产成本，LGD 还积极跟中国的创维、康佳、长虹等国产品牌一起合作，培育 AMOLED 电视市场，并且把中国市场作为优先考虑的战略市场，在供应方面也会将中国作为最优先的市场来推动。

第三节　友达光电股份有限公司（AUO）

一、发展情况

友达光电股份有限公司，原名为达碁科技，总部位于中国台湾新竹，在中国内地的苏州、上海、厦门等都有分厂。公司成立于 1996 年 8 月，2001 年达碁科技与联友光电合并后更名为友达光电，5 年后并购广辉电子。友达在两次合并之后，实现了具有制备大中小全尺寸面板的生产线，拥有从 3.5G、4G、4.5G、5G、6G、7.5G 到 8.5G 最完整的各世代生产线，能提供各种液晶显示器应用所需的面板产品，产品尺寸范围涵盖 1.2 吋到 71 吋 TFT-LCD 面板。友达光电是全球第一家于纽约证交所股票公开上市之 TFT-LCD 设计、制造及研发公司。

2014 年，友达光电全年合并营业额为新台币 4081.8 亿元，较 2013 年减少 2.0%。全年税后净利为新台币 180.6 亿元，较 2013 年大幅增长 324.7%，创六年新高。全年基本每股盈余为新台币 1.83 元。受惠于新台币贬值，加上公司成本控制得宜，第四季营业净利率和 EBITDA（税息折旧及摊销前利润）获利率分别达到 8.4% 以及 21.2%。存货周转天数则为 36 天，处于健康水位。此外，全年减债新台币 420.2 亿元，净负债比大幅降低至 30.3%，创四年新低。2014 年大尺寸出货量约为 1.7 亿片，与 2013 年约略持平。中小尺寸出货量接近 1.73 亿片，比 2013 年增长 11.9%。

二、发展策略

（一）创新开发差异化产品赢得市场认可

友达光电重视市场需求，通过加强技术研发提升企业竞争力。2014 年，友达的产品创新聚焦于高画质，高解析度以及曲面设计。2014 年，友达 50 英寸以上大尺寸电视占比高达 30%，4K 面板在 50 英寸以上大电视占比也超过 10%。2014 年 SID 展会上，友达光电研发的 5.5 寸及 6 寸超高解析度 WQHD（1440×2560）LTPS 智能手机面板荣获展会最佳奖。友达已经拥有 4K 曲面 TV 面板，拥有 42、50、55、65、75 寸全系列面板量产能力，是全球能够量产曲面 4K 面板的两家厂商之一，第二代 4K 曲面 TV 面板已正式量产，曲率半径为 4000 毫米。在可穿戴设备面板方面，友达在中国台湾地区及大陆已经拥有三家客户，并稳定量产出货 HD720 的 AMOLED 手机面板，具备 5.5 寸 AMOLED 的 FHD 手机面板生产能力，还将量产 1.6 寸可穿戴设备用 AMOLED 面板，友达目前在 AMOLED 的专利数有 700 多个，专利布局已经初步形成。

（二）提升运营水平，增强企业获利能力

2014 年，友达以建立有竞争力的产业体系、产品体系、技术创新体系和运营管理体系为目标，不断优化转投资事业，继整合旗下液晶电视组装与背光模块厂之后，大力改革光伏事业部，让光伏事业部从投资部门转变成获利部门。例如友达晶材是负责管理日本 M.setek 株式会社的投资部门，并拥有 M.setek 的长期股权投资，近期友达晶材宣布，把股权让与新设的晶达公司，晶达公司则发行新股予友达晶材作为对价。这次分割的目的，就是为了进行组织调整及专业分工，以提高运行效率，显现经营绩效。再加上平板显示缓步升温，对营运绩效将带来正面影响。

第四节　夏普公司（Sharp）

一、发展情况

夏普（Sharp）是一家具有百年历史的跨国企业，公司成立于 1912 年，总部

位于日本大阪。在全球 25 个国家、62 个地区开展业务。夏普电子消费品占据其总营收的近 40%，其中家用电器产业和打印机、收银机产业占总营收的 10%，光伏业务占 8%，余下是包括液晶显示屏之类的其他业务。2011 年，夏普建成全球唯一一条 10 代液晶面板生产线。该产线代表了全球平板显示产业最高水平，同时也由于无法完全利用产能利用率而为夏普经营带来包袱。夏普在液晶业务出现恶化的 2011 财年和 2012 财年，合计提了超过 9 千亿日元的亏损，随后在 2013 财年受中小尺寸液晶畅销带动，夏普盈利 115 亿日元，2014 年，在全球平板显示产业经营好转的情况下，受价格竞争激烈的电视机等主力产品的盈利情况出现恶化以及计提了特别损失等因素影响，夏普仍然预计净亏损 300 亿日元。受业绩恶化影响，夏普将撤回力争 2015 财年盈利 800 亿日元的中期经营计划，制定了以 2017 财年为最终年度的新计划。为了获得主要合作银行等金融机构的协助，夏普将探讨实施退出亏损业务等根本性的重组举措，此外还将致力于培育新业务等。

二、发展策略

（一）通过换帅来调整公司经营方式

作为高端产品，夏普公司的液晶屏受到消费者欢迎，但是由于受日元贬值、美元升值影响，夏普在海外生产的白色家电和光伏电池等产品的进口盈利情况也出现恶化。另外，电力零部件业务预计也将陷入亏损。迫于业绩扭亏的压力，为更积极应对市场压力，夏普选择调整高层管理人员。由历任夏普海外市场开发本部长、海外生产企划本部长、AV 系统业务本部部长的奥田隆司出任夏普株式会社的社长（总裁）；原任总裁片山干雄则调任夏普的会长（董事长）。对于这次人事调整，业界普遍认为是亏损后的一大举措，期望通过认识变革扭转公司业绩，希望由新人带领夏普走出困难时期。2014 年，夏普的液晶业务除了生产 60、70、80 英寸的超大尺寸面板外，也在拓展智能手机、平板电脑所用的高附加值小尺寸面板。

（二）坚守新型显示技术创新最高水平

虽然近年来出现了严重亏损，但是夏普公司依然坚守技术创新为主的战略。夏普在液晶面板的研发和制造领域具有很强的技术和成本优势。大尺寸面板领域，夏普在生产 60 英寸以上电视具有很强的成本优势；中小尺寸领域，夏普的 IGZO

技术保证了其手机和平板电脑使用液晶面板领域也具有较强的竞争力，为应对市场需求的调整，目前夏普在日本的龟山工厂已经开始不断提升中小尺寸液晶面板的占比。2014年，夏普公司推出600PPI超高清手机和平板屏幕面板，发布无边框汽车仪表面板，与高通合作生产MEMS-IGZO屏幕，并且研发出废旧液晶电视回收再利用技术，说明夏普在液晶面板生产技术方面依然处于邻先地位。

第五节　日本显示器公司（JAPAN DISPLAY，JDI）

一、发展情况

日本显示器公司（JAPAN DISPLAY）是日本电子巨头索尼、日立、东芝三家公司于2011年11月15日签署正式合约，将三方中小型显示器业务合并而成立的合资企业。公司整合了索尼、日立、东芝的强大技术力量，同时又有日本主导的投资基金全力扶植，成为引领全球市场的头号厂商。该公司从2012年4月开始营业。在中小尺寸液晶面板市场上握有全球16.2%的份额，位居全球首位。公司面向主要顾客苹果的供货情况表现坚挺，但是受我国大陆地区智能手机企业崛起的影响，面向韩国三星电子和索尼的供货量出现下降。2014年3月，日本显示器公司在上海股票市场上市，上市首日即告破发，开在每股769日元，较900日元的发行价下跌约15%。至于下跌的原因，主要是投资者认为公司将面临低成本厂商的激烈竞争，同时因为该公司合并，投资者对于公司的整合并不看好。

二、发展策略

（一）联合日本显示企业，共同推动OLED显示技术发展和产业化

2014年8月，日本电子龙头企业索尼、松下与Japan Display宣布将组建新公司，研发适用于平板电脑的中小尺寸OLED面板。新公司将获得日本官民基金"产业革新机构（INCJ）"的融资。通过成立合资公司，相关企业将整合各自的技术优势，以便更好地和韩国电子企业在OLED面板上进行竞争。新成立的合资公司将被命名为"JOLED"，产业革新机构预计将持有新公司70%的股权，Japan Display持股20%，索尼与松下则各自持有5%的股份。JOLED计划于2016年结束前投下700亿—800亿日元进行研发，量产技术产线预计于2016年第三季度启用，2017年下半年或2018年开始进行量产。JOLED正考虑采取股票上市或与日本显示器

进行经营合并等方式筹集资金。这将是日本面板产业界近年来做出的最大战略性投资项目。此次合并的大股东之一的 Japan Display 正是由日立、东芝、索尼三家公司整合各自旗下液晶显示屏业务在 2012 年 4 月成立的合资企业。JOLED 将融合索尼的半导体技术和松下拥有的有机材料高效喷涂技术等，能有效控制成本。索尼和松下曾合作开发用于大尺寸电视的 OLED 面板，由于生产成本高昂，两者在盈利上面临诸多困难而未能持续。这次合并后，索尼与松下将放弃独自研发，而把各自的工程师和相关资产注入新公司。索尼在广播、医疗设备等工业领域的OLED 面板上仍将进行独自研发。

（二）发挥技术优势，推动超高分辨手机面板渗透率

随着智慧型手机销售增长趋缓，旗舰机种的硬体规格竞争上日益激烈，近期WQHD 解析度手机面板成为手机品牌厂新的硬件规格突破点。JDI 凭借 LTPS 等多项技术优势，加大在 WQHD 高解析度手机面板市场开拓力度。JDI 认为朝向WQHD（2560×1440）发展的超高解析度需求将持续进展，多款 WQHD 等级手机上市促进了 2K 手机面板需求，JDI 估计该公司 WQHD 出货金额比重将逐年上升，采用 Pixel Eyes 内嵌式触控技术面板的销售额比重也将由现在的 2 成增长到将近 4 成比重。以 iPhone 产品为例，JDI 自 2014 年 4 月份开始生产 4.7 寸面板，5.5寸面板则于 2014 年 5 月开始生产，两者皆在石川能美 5.5 代线量产，而从 2014年 6 月起，茂原 6 代线亦开始生产 4.7 寸面板。智能手机面板朝大型化方向发展，有助去化面板产能，加上朝高解析度如 FHD 甚至 WQHD 方向发展的趋势，在产线转换的过程中，将耗用更多的面板产能，亦有助于整体市场供需平衡。

（三）关停并转落后产能，提升企业竞争实力

由于面向中国智能手机的供货量增长情况不及预期，智能手机零部件的销售竞争正日趋激化。2014 年，JDI 宣布将于 2016 年 4 月关闭生产智能手机高精细面板的埼玉县深谷工厂。在使用大型玻璃基板高效生产液晶面板的茂原（按玻璃基板计算，月产能为 5 万枚）等工厂进行集中生产。深谷工厂的约 400 位员工将被调到其他工厂。除了关停工厂所产生的 70 亿日元的特别损失外，面向中国厂商的面板单价下降等因素也对收益构成挤压。为此，日本显示器将 2014财年（截止 15 年 3 月）的最终损益从原来的盈利 268 亿日元下调至预亏 100 亿日元（上一财年为盈利 339 亿日元）。JDI 将通过调整生产体制以应对业绩恶化。

早在 2013 年，JDI 就选择将中国苏州市工厂部分生产线迁回日本千叶县茂原市工厂。转移到日本国内后，对于原本在中国进行手工操作中的大部分组装工艺进行自动化操作，另外，再通过对日本国内工厂进行生产效率化提升以很好地利用空闲人员，如此一来，就可不必再增加新员工以节约人工成本。另一方面，为开拓中国大陆市场，日本显示器在中国台湾新设子公司台湾显示器有限公司（TaiwanDisplayInc.）。中国台湾公司的目标是中国：运用日本显示器擅长的低温多晶硅（LTPS）及 In-cell 型触摸面板技术在中国市场扩大业务，除了高端产品之外，还将涉足中国大众消费品市场，即以半定制为中心的中端产品市场。

第二十章　太阳能光伏行业重点企业

第一节　天合光能

一、发展情况

　　天合光能有限公司成立于 1997 年，是目前拥有相对完整产业链的为数不多的光伏厂家之一，总部和主要生产基地位于我国江苏省常州市，在亚洲、欧洲、北美等地设立了销售机构，公司产品涵盖了硅锭、硅片、电池和组件等主要光伏产品的生产制造，以及光伏系统安装应用。在美国柏亚天（PRTM）管理咨询公司出版的 2010、2011 和 2012 年全球光伏产业可持续发展报告中，根据收入增长、公司领导者地位、市场份额、公司盈利能力及资金链等指数，天合光能连续

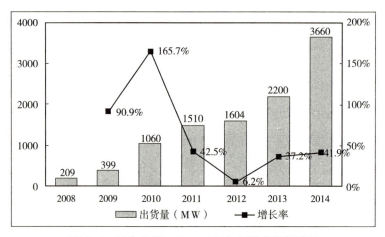

图20-1　天合光能2008—2014年组件出货量情况

　　数据来源：赛迪智库整理，2015 年 3 月。

多年位居全球前列。天合光能也是达沃斯世界经济论坛全球成长型公司新能源行业首位和唯一一个太阳能行业塑造商。2014 年，天合光能组件出货量总计达到 3.66GW，同比增长 41.9%；销售收入达到 22.9 亿美元，同比增长 28.8%；平均毛利率 16.9%，净收入 6130 万美元。与 2013 年相比，2014 年天合光能经营情况全面好转，实现全年盈利，同时组件出货量超过英利成为全球第一。截至 2014 年年底，天合光能硅片、电池、组件产能分别达到 1.7GW、3GW 和 4GW。

二、发展策略

天合光能致力于通过工艺技术研发提升产品品质，从而获得领先于其他电池、组件企业的市场优势。目前，天合光能专利申请量居全国第一，其 Honey 高效光伏组件技术产业化效率已达到国际领先水平，60 片高效多晶电池组件产业化功率达到 270W 以上，实验室功率达到 285W，创造了该项产品的世界纪录。与此同时，2014 年以来，天合光能加快分布式光伏应用系统集成技术开发，积极拓展国内应用市场，2014 年共实施了 337MW 光伏系统项目建设，目前仍有 232MW 项目尚在建设中。在上下游技术创新和大规模市场应用协同发展模式的驱动下，天合光能产品成本及电站发电成本持续下降，2014 年，天合多晶组件成本已下降至 0.5 美元 / 瓦以下，比 2010 年下降 57%，计划到 2020 年比 2014 年再下降 50%，市场竞争优势不断巩固和提升。

第二节　英利集团

一、发展情况

英利集团有限公司创建于 1987 年，是目前全球领先的从硅材料、铸锭、切片、电池、组件到光伏应用系统的完整垂直产业链企业、国家重点高新技术企业、国家创新型试点企业。公司掌握从硅材料、晶体硅生长、切片、太阳电池、光伏组件到光伏应用系统的各个环节的研发和生产能力。英利集团总部位于河北省保定市，在我国天津、河北、海南等地建立了生产基地，在我国其他地区及美国、欧洲、日本等地设有分支机构。英利集团是 2010 年南非和 2014 年巴西世界杯赞助商，控股子公司英利绿色能源控股有限公司于 2007 年 6 月 8 日在美国纽约证券交易所上市。2014 年，英利光伏组件出货量估计约 3.3GW，同比增长 3.1%，企业经营情况较 2013 年有所改善，至 2014 年四季度实现净利转正，目前英利集团光伏组件产能约 3.5GW，总资产 366 亿元。

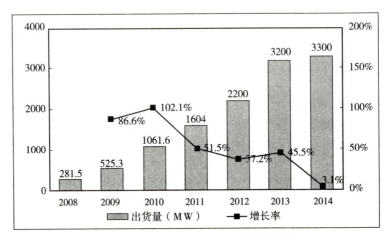

图20-2　英利2008—2014年组件出货量情况

数据来源：赛迪智库整理，2015 年 3 月。

二、发展策略

经过多年的发展，英利集团采用多元化的发展战略，以光伏制造业为基础，加快向下游应用环节延伸，并积极向其他领域拓展，已发展成为集光伏制造、光伏系统集成、农产品生产加工、房地产、物流等多个领域的大型企业集团公司。一方面，公司积极开展技术创新，发动员工开展"草根创新"，从技术工艺改进到商用模式创新，不断提高产品质量、降低生产和运营成本。目前，英利"熊猫"单晶高效电池转换效率已达 20% 左右，达到全球领先水平，多晶组件生产成本也从 2010 年的近 1.1 美元 / 瓦下降到 2014 年的 0.5 美元 / 瓦左右。另一方面，除光伏制造业外，英利集团积极向光伏应用下游延伸，在全球范围内开发光伏系统集成应用项目，如 2014 年巴西世界杯主赛场光伏电站项目等，在行业发展困难的情况下不断改善经营能力。此外，英利集团还积极向房地产、农产品生产、物流等领域拓展，也在一定层面上对光伏制造业的长期亏损形成部分回流补偿，缓解了企业的经营困难。

第三节　保利协鑫能源控股

一、发展情况

保利协鑫能源控股有限公司成立于 1996 年，于 2007 年在香港证券交易所上市，是目前全球最大的光伏材料供应商，同时也承担光伏电站项目建设，总部设于中国香港。

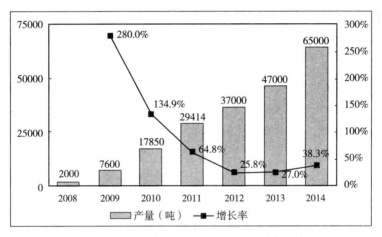

图20-3　保利协鑫2008—2014年多晶硅产量情况

数据来源：赛迪智库整理，2015 年 3 月。

江苏中能硅业科技发展有限公司是保利协鑫全资控股的多晶硅生产企业，在国内多晶硅生产方面，不断通过技术引进、消化创新加快发展，目前已成为全球最大的多晶硅生产企业，设备国产化率从最初的 10%—20% 提升至到 2014 年的 80%—90%。此外，保利协鑫还通过收购无锡高佳太阳能股份有限公司，获得了国内最优质的硅片生产线；并通过开展全球光伏应用业务拓展，实现全球化产业布局，大大压缩生产成本。2014 年，协鑫集团将旗下业务重整，借用原上海超日太阳能科技股份有限公司实体重组，成立协鑫集成科技股份有限公司，继续深化光伏产业布局。目前，保利协鑫旗下拥有国内 7 个生产基地，已形成多晶硅产能 6.5 万吨，硅片产能约 12GW。2014 年，保利协鑫多晶硅产量 6.6 万吨，同比增长 38.3%，占全球总产量近四分之一。

二、发展策略

保利协鑫最初的业务是经营锅炉、发电厂、电厂管理等业务，后收购太阳能业务，挺近光伏产业。多年来，保利协鑫积极开展产业链上下游协同发展，但为有效控制成本，一直未进行垂直一体化整合。保利协鑫集团积极推进上游多晶硅产品工艺技术改进，传统西门子法多晶硅生产成本不断下降，2014年综合能耗已降至 80kWh/kg 以下。公司进一步开展硅烷流化床法多晶硅生产技术的研发及产业化，其综合能耗能有望在之前西门子法基础上再下降 50%。目前，保利协鑫集团多晶硅、硅片产品成本及品质均达到国际领先水平，多晶硅生产副产物全部回收利用，硅片生产副产物回收率达到 70% 以上。与此同时，保利协鑫集团通过光伏电站业务加快开拓海外市场，目前已在全球拥有总量 2GW 的已建和在建光伏应用项目。由于没有实施产业链垂直一体化整合，在当前光伏产业利润大幅下滑时期，公司有效实现产业链利润的两级控制，保障了生产经营的良好运行。

第四节 汉能控股

一、发展情况

汉能控股集团有限公司成立于 1994 年，总部设在北京，员工逾 10000 人，在国内多个省份以及美洲、欧洲与中东、亚太、非洲等地区设有分支机构，业务横跨水电、风电、太阳能薄膜发电等领域。2014 年 2 月，汉能控股集团入选麻省理工学院《科技创业》(MIT Technology Review)"全球最具创新力企业"，位列第 23 位。汉能控股集团董事长李河君为全国政协委员、全国工商联副主席，2015 年初登顶胡润富豪榜中国首富。

截至 2014 年年底，汉能控股水电项目权益总装机容量超过 6GW，风电总装机 131MW。在太阳能薄膜发电领域，汉能在全球范围开展薄膜发电电站建设，并在四川、广东、海南、浙江、山东、江苏等地投资建设薄膜电池（组件）制造基地，规划总产能约 3GW，其中包括 2GW 硅基薄膜电池产能和 1GW CIGS 薄膜电池产能（尚未量产），但受技术、市场等多方面影响，目前上述产能绝大部分处于停产状态。

二、发展策略

汉能集团从水电起家，在光伏领域涉足并不广泛，且由于薄膜技术目前较晶硅技术尚无优势，公司光伏经营业务不佳。另一方面，汉能管理层充分预见到了晶硅技术的单一性对于光伏产业发展的巨大风险，不断开展前瞻性技术和产业布局，通过频繁的资本运作获得资金积累，为后续发展做好资金准备。近两年，汉能控股集团加快全球产业布局，先后收购德国 Solibro 公司、美国的 Miasolé 公司及 Alta Devices 公司，上述公司掌握着目前全球最先进的 CIGS 和砷化镓（GaAs）薄膜电池技术，其 CIGS 电池组件最高转化率达 21%，GaAs 电池组件最高转化率达 30.8%，均为相关技术目前的世界纪录。

但同时，汉能集团国内研发和生产线技改进展迟滞，且缺乏全球化管理所必须的管理和技术人员流动。收购国外企业仅为获得其技术方案，而国内体系又不能对此迅速消化吸收，使上述技术尚未成功引入国内并实现大规模量产。汉能集团通过海外收购获得的技术优势正逐渐减弱，未来发展风险犹存。

第五节　德国 Wacker

一、发展情况

Wacker Chemie AG 是一家全球性化学公司，共有员工约 16000 人，2013 年销售额约达 44.8 亿欧元。Wacker 五大业务部门的业务遍布全球，目前在全球设有 25 个生产基地，在美洲、亚洲、大洋洲和欧洲的 29 个国家设有子公司和销售办事处。经过多年的发展，Wacker 公司成为横跨多个领域的大型化学品公司，也是全球最主要的多晶硅生产企业之一。目前，该公司多晶硅总产能已达到 5.2 万吨，2013 年产量达 4.9 万吨，估计 2014 年产量在 5 万吨左右，与 2013 年基本持平。受益于我国对美国和韩国的多晶硅"双反"裁决，Wacker 公司的多晶硅出货量自 2013 年起开始大幅攀升，2014 年位居全球第二。2014 年初，德国 Wacker 公司与中国商务部达成多晶硅价格承诺，该公司与美国 Hemlock 等多晶硅企业相比将具有比较优势，继续处于全球先进水平。

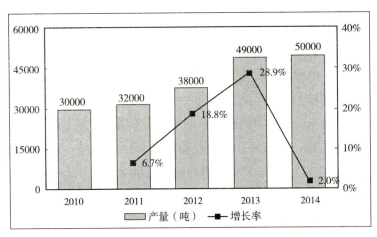

图20-4　Wacker公司2010—2014年多晶硅出货量情况

数据来源：赛迪智库整理，2015年3月。

二、发展策略

与我国多晶硅生产企业不同，Wacker公司的业务领域不仅仅局限于光伏产业，而是涉足电子材料和电子化学品行业的各个分支。因此，光伏产业的发展困境虽对Wacker公司多晶硅部门的经营情况产生一定负面影响，但并未撼动公司发展根基，多种经营管理策略的综合应用，使Wacker多年来一直保持持续盈利。一是对于上游原材料行业的广泛深入涉及，使Wacker公司形成对下游应用市场的有效控制，提升了盈利空间，同时也降低了经营风险。二是Wacker公司充分利用其在电子化学领域的领军地位，在保证获取高额利润的同时，不断加大技术研发投入（每年均保持在1.6亿欧元以上），通过产品品质和核心技术获取竞争优势。目前，Wacker公司多晶硅产品均达到电子级（纯度11N）以上，成为众多高效太阳能电池生产企业青睐的高品质原材料。三是Wacker公司采取一体化的管理方案，各业务部门虽独立开展生产经营活动，彼此沟通却十分紧密，全球化的生产管理布局使Wacker经营风险大为降低，前瞻性发展优势增强。

第六节　美国Hemlock

一、发展情况

美国Hemlock公司由陶氏化学子公司道康宁投资建立，是全球最大的电子级多晶硅供应商，也是全球最大的太阳能级多晶硅生产商之一。Hemlock 公司的工厂主要在美国密歇根和田纳西州，随着在密歇根工厂第二期扩产的多晶硅相继投产，2010 年其多晶硅产能已经达到 3.6 万吨，同时，公司也在对多晶硅工厂进行技术改造，2013 年总产能已达到 4.25 万吨。同时，Hemlock 公司于 2010 年开始在田纳西州兴建新的多晶硅工厂，原计划于 2013 年投产，使公司多晶硅产能提升至 6 万吨，是 2007 年 1 万吨的 6 倍。但受中国对美国多晶硅双反措施及全球光伏市场下行影响，Hemlock 于 2014 年底宣布将其田纳西工厂关闭，密歇根工厂也在消减产能并进行了一定的裁员。从目前 Hemlock 公司的发展情况看，相对于 Wacker 和 OCI 等多晶硅企业，其未来表现相对悲观。

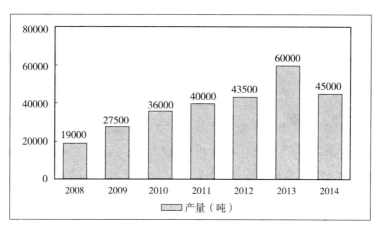

图20-5 emlock公司2008—2014年多晶硅产能变化情况

数据来源：赛迪智库整理，2015 年 3 月。

二、发展策略

Hemlock 公司，在半导体特别是多晶硅工业领域具有超过 50 年的生产经营和研发经验。与部分美国制造企业将主要生产基地转移至国外以降低生产经营成本不同的是，Hemlock 公司一直将主要生产基地设在美国本土，以尽可能快地获取美国国内的先进技术，并通过国内技术进步优势带动产业工艺技术革新，从而获得领先于其他企业的技术和成本优势。Hemlock 与其大股东道康宁公司合作，在过去数十年时间内开展多晶硅材料方面的工艺改进和技术研发，为公司依靠产品品质获得市场的发展战略提供了有利保障。另一方面，Hemlock 公司也通过果断的结构性调整来不断增强企业竞争力。2014 年，公司永久性关闭位于克拉克斯维尔的多晶硅工厂，虽然带来了税前 5 亿美元的亏损，但却为公司今后的发展清理了冗余的运营成本，确保公司具有足够的竞争力。

第七节　美国 First Solar

一、发展情况

美国 First Solar 公司成立于 1999 年，总部位于美国亚利桑那州，是目前全球最重要的光伏产品制造企业之一，也是全球目前最大的碲化镉（CdTe）薄膜太阳能电池生产企业，占全球 CdTe 市场份额的 98% 以上。目前，First Solar 在全球拥有三大生产基地，分布在美国本土、德国与马来西亚。受国际市场下行趋势影响，First Solar 公司于 2012 年底将其德国工厂关闭，产能回落到约 2.4GW，但这一措施使公司大幅削减了运营成本，使经营业绩逐渐趋好。2013 年 First Solar 实现销售收入 33.1 亿美元，同比减少 2%。CdTe 薄膜电池产量达到 1628MW，同比上升 7%；年均产能利用率为 77%，较 2012 年下降了 1 个百分点。2014 年，First Solar 公司生产经营震荡调整，四季度产量达到 509MW，产能利用率达到 84%，全年产量达到 1.85GW，同比增长 13.4%；但其全年出货量仅 1.5GW，销售额 33.9 亿美元，未达全年产量 1.8GW、销售额 36 亿美元以上的目标。

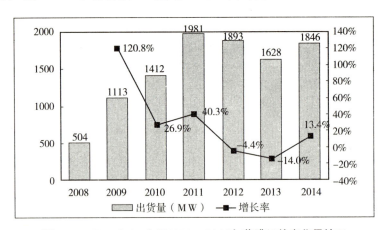

图20-6　First Solar公司2008—2014年薄膜组件出货量情况

数据来源：赛迪智库整理，2015 年 3 月。

二、发展策略

First Solar 公司多年来一直秉承技术创新和市场拓展并行的发展战略。一方面，公司持续加强技术研发，提升产品质量，在晶硅技术占绝对优势的国际市场环境下，生产经营业绩一直居全球领先水平。2015 年初，First Solar 宣布其 CdTe 组件基准转换效率达到 14.4%，四条生产线已达到 15.8% 的组件转换效率，实验室效率达到全球最高的 20.4%；同时，公司收购 TetraSun 公司获得的 N 型单晶硅设施电池转换效率达到 20.5%，高出产业平均水准 3 个百分点，这使得 First Solar 在掌握薄膜最先进技术的同时也将先进的晶硅技术纳入麾下。另一方面，First Solar 在全球范围内加快开拓应用市场，鉴于 CdTe 薄膜电池材料毒性而发展了全套的组件报废回收机制，在部分国家地区质疑 CdTe 薄膜电池使用安全而拒绝引入的情况下，仍在全球光伏 EPC 领域保持领先。2015 年初，First Solar 公司进一步获得印度国内 5GW 光伏电站项目，将极大地推动公司业绩的增长。

第八节　美国 SunPower

一、发展情况

SunPower 公司成立于 1985 年，总部位于美国加州的 San Jose，于 2005 年在纳斯达克上市，在中国、德国、意大利、西班牙、韩国、美国、澳大利亚、英国、希腊、以色列、菲律宾均设有办事机构。SunPower 是全球著名的高效电池制造企业，目前拥有三个组件工厂，分别为菲律宾 600MW、墨西哥 500MW 和南非 170MW，总产能约 1.4GW。SunPower 长期秉持稳健的发展模式，一直在创造太

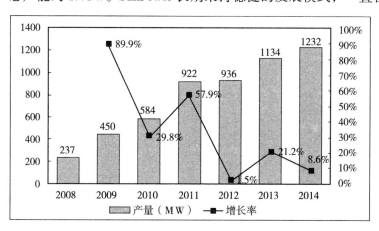

图20-7　SunPower公司2008—2014年太阳能电池产量情况

数据来源：赛迪智库整理，2015 年 3 月。

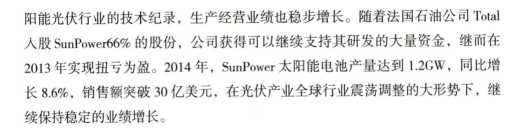

阳能光伏行业的技术纪录，生产经营业绩也稳步增长。随着法国石油公司 Total 入股 SunPower66% 的股份，公司获得可以继续支持其研发的大量资金，继而在 2013 年实现扭亏为盈。2014 年，SunPower 太阳能电池产量达到 1.2GW，同比增长 8.6%，销售额突破 30 亿美元，在光伏产业全球行业震荡调整的大形势下，继续保持稳定的业绩增长。

二、发展策略

SunPower 公司是典型的美国技术创新型企业，一直通过集中的技术研发创新，获得领军行业的高端核心技术，从而获得绝对竞争优势。与大部分中国光伏企业通过扩大生产规模降低产品成本以获得竞争力不同，SunPower 通过持续性技术研发，不断刷新全球光伏产业高效电池的技术纪录。目前，SunPower 生产的 IBC 电池量产转换效率已达到 24.2%，组件效率达到 21%，公司第三代 Maxeon 电池量产效率已超过 22.7%（如其 A–330 电池片），由其制作的 X–Series 组件平均转换效率达到 21.5%，该项指标已大幅领先行业其他主要企业技术指标，并为公司在全球光伏市场确立了无可替代的技术优势。2015 年，公司计划产量增加 140MW，并对菲律宾工厂的产能进行一定程度的扩张。

第二十一章　半导体照明（LED）行业重点企业

第一节　美国 Cree 公司

一、发展情况

美国 Cree 公司成立于 1987 年，在全球 LED 照明领域具有领先的市场优势。其主要产品覆盖了 LED 外延片、芯片、封装、LED 照明解决方案、化合物半导体材料、功率器件以及射频模块等领域。市场优势主要来源于以碳化硅（SiC）材料为基底的外延芯片和封装器件产品。2013 年以来，全球 LED 照明趋势从高功率逐渐转向中功率，使得主攻高功率照明的 Cree 公司营业收入和获利不乐观。

公司在 2014 年 12 月 28 日公布的数据显示，2015 财年第二季度 Cree 公司的收入为 4.132 亿美元，相比 2013 年同期的 4.151 亿美元，下滑 0.46%。

二、发展策略

（一）通过垂直整合提升企业对市场的掌控能力

早在 2007 年，Cree 宣布完成对华刚光电的收购。这次战略合并涉及华刚集团旗下三大主要业务范畴，包括 LED 封装事业部、模组事业部以及显示器件事业部。通过此次收购，Cree 拥有了从外延片、芯片到封装的完整产业链，改变了以往只售芯片的单一营销模式。此次收购为 Cree 提供了低成本制造平台，进而补充了 Cree 在 LED 芯片技术、知识产权以及营销方面的投资，是 Cree 进入半导体照明市场的战略性一步。2008 年 2 月份，Cree 宣布收购另一家 LED 照明大厂 LED Lighting Fixtures（LLF）。LLF 是拥有许多 LED 照明产品的大厂，也是业界首家发展出可用于一般照明用 LED 投射灯的厂商，其获得瞩目的商品已经应用在商业与家用照明上。公司采用的 LED 模块是 Cree 的 XLamp LED，并搭配 LLF 公司的彩色混合技术，能够打造出高效率且高色彩质量的 LED 照明产品。这项收购表明了 LED 大厂积极参与 LED 照明事业的决心，并使得 Cree 掌握了原先属于 Cree 客户的照明大厂，能够整合双方的资源，增加 Cree 公司在 LED 照明应用的深度与广度。

Cree 在收购 LLF 后，从原本的 LED 晶粒、LED 封装大厂，拓展为 LED 照明大厂，结合上中下游产业，建立起垂直整合的供应链，使其能够赶上 Philips 集团的脚步。

（二）在基础技术领域不断持续投入

Cree 公司一直将技术创新作为推动公司持续发展的重要引擎，不断加大创新投入在公司总投入中的占比，最终带来技术专利数量的不断增多。目前，Cree LED 照明产品的优势体现在氮化镓（GaN）和碳化硅（SiC）衬底的外延芯片技术和室外 LED 照明的封装技术两方面，拥有 1300 项美国专利、2900 项国际专利和 389 项中国专利（以上包括已授权和在审专利）。截至 2014 年年底，Cree 公司将 LED 芯片的实验室发光效率提升至 330 lm/W，代表着目前全球最先进的外延芯片技术，成为整个 LED 照明产业界的里程碑。在高密度级大功率 LED 封装器件产品开发方面，Cree 公司在 2014 年接连推出了 XLamp XP-L LED、XLamp XB-H LED、XLamp XQ-E LED 三款照明产品，在保证优异光品质的前提下，使得更小尺寸的 LED 封装器件实现更高的光效和流明输出。

第二节　日本日亚化工有限公司

一、发展情况

日本日亚化工有限公司致力于制造及销售以萤光粉（无机萤光粉）为中心的精密化学品。在研制发光物质的过程中，于 1993 年发明蓝光 LED，并相继实现了紫外——黄光氮化物 LED 以及白光 LED 的产业化生产，以此为基础，扩大了 LED 的应用领域。日亚化工研发生产的蓝光 LED 产品至今仍在手机、笔记本电脑、电视机终端和数码相机背光源中占据最高的市场份额。此外，从 2010 年起，公司还在加大力度开发蓝色激光光半导体，由于日亚化工在 GaN 半导体领域具有优势专利积累，有望将氮化物半导体技术应用到激光领域。

在公司财务方面，从 2012 年开始，日亚化工整体营业收入处于平稳增长态势。其中，较之 2012 年，日亚化工 2013 年和 2014 年上半年营收增速放缓明显，主要原因在于市场需求疲软致出货减少，以及竞争激烈致使销售价格下滑。与此相对应，从 2012 年起，日亚化工的毛利润处于下降趋势，毛利率整体则同样处于下滑趋势，主要原因是近两年市场需求疲软以及竞争加剧。2013 年公司毛利润同比减少 17.1% 至 57.6 亿元人民币，毛利率为 32.3%，同比下滑 8.6 个百分点。2014 年上半年，毛利润仅有 23.1 亿元人民币，同比减少了 51.1%，毛利率则显著下滑了 27.2 个百分点至 25.7%。

二、发展策略

（一）将照明业务作为公司下一个发展重点

日亚化工的产品应用范围十分广泛，显示屏、照明、背光源、交通信号灯、工业机器等领域都有应用，已形成了系列化、多元化的产品阵列。其中，日亚化工在小功率芯片技术领域相比飞利浦、欧司朗等企业起步要早，凭借其技术优势，日亚化工在高端显示屏领域占据王者地位，但显示市场已经逐渐趋于成熟稳定。背光方面日亚也只在一些中小尺寸市场有所作为，而在大尺寸背光尤其是电视背光市场，韩系厂商占据着主导权，而台湾企业在价格方面更具优势。相对于显示及背光市场，通用照明市场是 LED 应用更具发展潜力的巨大市场，因此，按照公司规划，下一步，日亚化工将更加注重照明业务的发展，在 2015 年力争实现占据全球 LED 照明市场 30% 份额的目标。

（二）积极布局中国市场

由于看到中国照明市场的上升空间，2011 年起，日亚化工加紧了在中国的战略布局。2012 年 3 月，日亚化工在广州建立了分公司，截至 2014 年年底，公司已建成了北京、上海、广州、香港的纵向销售网络。未来日亚化工还计划在山东、河北、武汉、河南等 LED 替代潜力巨大的地区成立分公司，从而实现覆盖全中国的销售网络体系。中国生产基地方面，日亚化工上海淞江工厂已经于 2012 年动工，并在 2014 年实现批量生产。

（三）坚持技术研发对企业的引领带动

2015 年 1 月，日亚化工发布声明，已完成 E-LED 的开发，使用日亚化工开发的特殊材料制成的倒装芯片 LED 将在 2015 年 10 月推出，该产品最初将应用在高端户外照明和 LCD 电视背光。倒装芯片 LED 已经具有较好的市场前景，但 E-LEDS 在同等亮度尺寸上却小得多，日亚化工表示，1 平方厘米的 E-LEDS 相当于 3cm×4cm 的常规倒装芯片 LED。日亚化工预计，2015 年全球 LED 需求量相比 2014 年将上升 30%—40%，但平均销售价格将下降 20%—30%，特别是汽车应用 LED 的需求增快，预计市场将增加 30%。

第三节　欧司朗

一、发展情况

欧司朗公司总部位于德国慕尼黑，自成立以来，公司一直将照明作为自己的主营业务。截至 2014 年年底，欧司朗的客户遍布全球近 150 个国家和地区。凭借着创新照明技术和解决方案，欧司朗公司在人造光源领域不断推出具有自主知识产权的照明产品，并广泛使用在公共场所、办公室、工厂、家庭以及汽车照明等领域。目前，欧司朗在中国共设有三个生产基地，并拥有研发中心，设有近 40 个销售办事处。因此，欧司朗公司已将中国地区作为其亚太战略的核心，在欧司朗全球战略中扮演重要角色。

根据欧司朗公司 2014 年财报显示，公司 2014 财年营业收入较 2013 年同期略有下滑，为 51.42 亿欧元，较 2013 财年的 52.89 亿欧元下滑 3%；净利润达到 1.93 亿欧元，较 2013 年同期提升 160%。

二、发展策略

（一）积极开拓公共照明，维护和服务市场

相比较传统照明产品，LED 照明产品具有更长的使用寿命，而在此期间诸如驱动芯片、配套装置等设备需要定期维护和保养，因此，欧司朗公司从 2013 年起开始在公司的市场战略框架中增加了照明维护项目，并从 2014 年起有逐步扩大其在公共照明维护和服务市场话语权的倾向。根据欧司朗公司测算，维护城市街道照明网络以及管理体育场馆等公共市场的照明系统，将为欧司朗带来数十亿元的年收益。

（二）加大产品研发和渠道开拓的力度

在欧司朗公司看来，整个照明行业的发展趋势将从原来的灯泡向数字化产品转变。在未来，LED 的全新技术应用领域越来越广，使用的智能照明技术会让消费者感到新奇感，并且会带来非常安全可靠舒适的照明环境。对于欧司朗未来的发展，公司非常明确的一个目标就是向固态照明转变。到 2017 年，欧司朗计划使自己半导体照明方面的份额将高于 50%。总研发投入中，超过 60% 会投入到半导体照明领域，因此，未来几个季度欧司朗还会进一步追加新的投资，以确保该投资落到实处。未来公司还将开拓新的路灯技术。欧司朗相信未来全球各国都会有全新的创意和新的项目出现，带动行业从传统路灯照明技术向全新的照明技术转变。

第四节　Lumileds 公司

一、发展情况

飞利浦 Lumileds 公司成立于 1999 年，是世界领先的高功率 LED 制造商，同时也是将半导体照明解决方案应用到日常生活中的先驱。公司最初是 Hewlett-Packard（HP）的光电事业部。Hewlett-Packards 的专家真正创立了 LED 的技术规则。20 世纪 90 年代末，惠普和作为世界领先照明企业之一的飞利浦认识到固态照明的潜力，开始探索如何携手向市场提供新的固态照明解决方案。1999 年，惠普拆分为两家公司，光电团队划入了新成立的 Agilent Technologies。同年 11 月，由于认识到 LED 的巨大潜力，Agilent Technologies 和飞利浦成立了合资企业 Lumileds，这家新企业的使命是：开发和营销全世界最明亮的 LED，开创全新的照明世界。2005 年，飞利浦收购了 Agilent Technologies 在 Lumileds 中的股份。如今，在开发和推出越来越明亮、技术更先进的固态照明技术方面，公司继续走在行业的前沿。产品和业务包括室内和室外照明、汽车、显示器、电视机、手机相机闪光灯、便携照明和信号照明等。公司推出了已获专利的 LUXEON 系列高功率光源，率先实现了传统照明的高亮度与 LED 的小体积、长寿命和其他优势的结合。公司还提供核心 LED 材料和 LED 包装，是一家能够制造出世界上最明亮的白色、红色、琥珀色、蓝色和绿色 LED 的生产商。目前，飞利浦 Lumileds 公司力图通过高功率 LED 技术，将基于 LED 的照明产品所具有的小体积、长寿命和其他优势带到各种通用照明应用中，如灯泡、灯具、发光体、交通信号、汽车、信号和显示器等。

二、发展策略

（一）依托飞利浦在电子信息行业的优势基础，扩大自身品牌效应

2006年12月继收购安捷伦（Agilent）持有的47%的Lumileds公司股份后，飞利浦以800万欧元收购员工持有的3.5%的Lumileds股份，实现了对Lumileds的全资掌控。2013年6月飞利浦又以7100万美元将加拿大白光LED生产商TIR Systems公司纳入旗下，8月底则以7.91亿美元左右的价格完成对美国LED照明系统集成商Color Kinetics（CK）公司的收购。Lumileds制造LED芯片和功率型封装，TIR拥有Lexel平台（Lexel是白光LED光源主要组件，包括散热、光学设计、反馈和驱动技术等），而CK则在LED照明色彩控制设备及系统领域走在世界前列。这一连串的收购将Lumileds从LED照明产业链的中上游，发展到下游及应用，丰富了飞利浦的专利产品组合，也加大了品牌效应，为飞利浦Lumileds赢得了强大的竞争优势。

（二）通过吸纳中国资本，扩大在中国的市场占有率

2015年3月，飞利浦公司表示，已经以28亿美元（约合174亿元人民币）左右的价格，出售旗下LED组件以及汽车照明业务部门——Lumileds的多数股权。收购方中资财团Go Scale Capital，将获得该部门80.1%的股份。Go Scale Capital是一家新成立的投资基金，由金沙江创投（GSR Ventures）与橡树投资伙伴（Oak Investment Partners）联合组成，目前在北京、香港和硅谷均设有办事处。在此次收购中，该基金击败了由美国KKR和欧洲私募股权基金CVC Capital组成的财团。待监管机构批准后，这一收购有望在2015年第三季度完成。新组建的公司依然沿用Lumileds的名称，仍将为飞利浦供货。Lumileds拥有全球领先的倒装制程的大功率LED技术。随着LED照明市场低价化的来临，多数LED照明厂商偏好中、小功率的LED。由于中、小功率的LED的价格优势远大于缓慢成长的大功率LED市场，因此Lumileds面临照明市场份额下降的压力。另一方面，以中国为主的亚洲LED厂商的兴起，加上YAG的白光专利将于2017年到期，Lumileds面临更加严苛的成本挑战。虽然在亚洲积极寻找代工生产，却难以改变市场竞

争激烈导致获利下滑的事实，也是飞利浦卖出 Lumileds 的原因之一。Lumileds 本身就是传统的 5 大 LED 专利厂商之一，加上飞利浦集团移转了 600 多项专利至 Lumileds 的该交易案当中，因此 Lumileds 拥有为数不少的 LED 专利。未来 Lumileds 有可能藉由专利授权来提升公司的营运绩效。原来中国 LED 企业进不去专利封锁的市场，现在中资获得控股权，则可以在全球产业竞争中获取话语权，这也有可能是中国 LED 厂商解决专利问题，跨足海外市场的一个好机会。

展望篇

第二十二章　主要研究机构预测性观点综述

第一节　IDC：2015年科技行业十大趋势

数据分析机构 IDC 发布了 2015 年科技行业预测报告，报告主要围绕"中国"和"技术革新"两大核心主题展开。虽然近来有大量有关中国经济放缓的说法，但是 IDC 表示在信息技术领域正好相反，中国国内技术市场依然在蓬勃发展。总体来看，2015 年中国信息和通信技术支出总额将超过 4650 亿美元，同比增长 11%。

IDC 预计，2015 年智能手机在中国市场销量将达到 5 亿部，为 2015 年美国市场销量的三倍，约占到全球智能手机销量的三分之一。联想、小米、华为、中兴、酷派等本土厂商将瓜分中国市场 85% 的销量。中国智能手机厂商自主研发能力正在不断提升，给外来手机品牌造成极大压力，三星增长放缓、利润下降正是受此影响。

旧技术将加速向新技术革新。预计 2015 年全球科技和通信支出将小幅增长 3.8%，第三平台（云计算、移动、社交和大数据）技术支出将增长 13%。IDC 对第三平台的定义和 Gartner 类似，都把这个平台视为席卷科技产业的力量连结。按照 IDC 的分类方法，第一平台指的是 20 世纪 60 至 80 年代的大型机，第二平台指的是个人电脑和互联网。

云计算数据中心正在成为驱动其他第三平台技术的引擎。构建这些数据中心将会越来越昂贵，风险也会越来越大，因此 IDC 预测，2015 年这个领域将进行洗牌。谷歌、微软、IBM 和亚马逊这样的云技术领导者将继续在支出和增长上保持领先。同时一些公司将撤出云基础设施领域，转向做它们擅长的业务。惠普和一些通信公司都有可能退出云服务业务。基于云计算的商业软件领军企业将与大型云数据中心提供商建立起合作关系，如德国软件开发商 SAP 和 IBM 达成协议，以便将更多的资源集中在软件业务上。

随着一些公司退出云服务领域，中国可能会出现一两家具有竞争力的云服务提供商。阿里巴巴、百度和腾讯都有可能构建数据中心为自己的云服务提供支撑，就好像之前亚马逊和谷歌所做的那样。

IDC 预计，由于拥有巨大的国内市场，阿里巴巴、百度和腾讯中的一家或多家将在未来三四年具备挑战当前云技术领导者的实力。

一、支出增长将100%来自新技术

2015 年世界 IT 和电信支出将增长 3.8% 至 3.8 亿美元以上，几乎所有的支出增长和总支出的 1/3 将集中在新技术，如移动互联网、云计算、大数据分析和物联网上。

二、无线数据将实现最快增长

无线数据将是通信行业最大的领域（全球市场规模 5360 亿美元）和增长最快的领域（年增长率达 13%）。美国将强制实行网络中立，并制定综合措施，为所有人使用服务提供基本准则。

三、"平板手机"将成为移动增长引擎

智能手机和平板电脑的销售将放慢，2015 年收入可达到 4840 亿美元，占 IT 增长的 40%。平板手机（Phablet，超大屏手机）销售将增长 60%，将会削弱平板电脑市场。可穿戴设备市场将令人失望，2015 年只销售 4000 万—5000 万台。移动应用下载会放慢，收入有望达到 1500 亿美元，中国独立应用店预计占 18%。企业移动应用开发将增长一倍多。

四、新合作伙伴关系将改变云计算格局

大的云生态系统（公共云、私人云、相关 IT 和服务）的支出将达到 1180 亿美元（到 2018 年约 2000 亿美元），其中 700 亿美元（2018 年为 1260 亿美元）将花在公共云上。亚马逊将在很多战线上抵御攻击以维持甚至增长市场份额。2015 年将看到云市场出现奇怪的伙伴，如 Facebook、微软和 IBM 或亚马逊与惠普合作。

五、数据即服务将推动新的大数据供应链

全世界与大数据有关的软件、硬件和服务支出将达到 1250 亿美元。富媒体分析（视频、音频和图像）将作为大数据项目的重要推动力出现，规模至少会增长两倍。25% 的顶级 IT 厂商将会把数据即服务作为云平台提供，分析公司将提供来自商业和开放数据集的增值信息。

物联网将是数据 / 分析服务的下一个重要关注点，未来 5 年年复合增长率有望达到 30%，2015 年将涌现出更多的竞争者（如微软、亚马逊、百度）提供认知和机器学习解决方案。

六、物联网将使传统IT行业继续快速扩张

物联网支出将超过 1.7 万亿美元，预计会比 2014 年增长 14%（到 2020 年将达到 3 万亿美元）。三分之一的智能 / 嵌入设备支出将来自 IT 和电信行业以外。看到这个机会，很多传统 IT 公司（可能有思科、IBM 和英特尔）将组建"物联网解决方案公司"。预测维护将成为重要的物联网解决方案。

七、云服务提供商将成为新的数据中心

大规模转向云服务提供商运营的数据中心，将激发"云优先"硬件创新爆发，在服务器、存储器、软件和网络厂商中推动更大的整合。到 2016 年，超过 50% 的计算能力和 70% 的存储容量将安装在超规模数据中心。IDC 预计会看到 2—3 次重大合并、收购或重组。

八、行业专用数字平台的快速扩张

新技术结合起来可创造业务创新平台而不只是技术平台，有助于改造地球上任何行业。每个行业 1/3 的市场份额领先者将被销售新 IT 产品和服务的公司颠覆。新 IT 产品和服务包括金融服务中的新支付网络（两年内全球 2% 的支付由比特币完成）；物联网技术进入城市安全、公共建设项目和交通系统（到 2018 年占所有政府物联网支出的 25%）；零售行业定位服务的扩张。

九、采用新的安全和打印创新

15% 的移动设备将采用生物识别技术（到 2020 年将超过 50%）。到 2015 年底 20% 的受控数据将加密（到 2018 年将达 80%）。威胁情报将作为杀手级数据

即服务门类出现，到 2017 年，55% 的企业将收到客户化威胁情报数据推送。3D 打印将在传统文档打印公司非常活跃，2015 年支出将增长 27% 至 34 亿美元，到 2020 年，10% 的消费产品将通过 3D 打印"按需生产"提供。

十、关于中国的发展

中国将在 2015 年对 IT 和电信市场有"火箭式影响"，支出增长将占行业增长的 43%，占智能手机销售的三分之一，占所有在线购物的三分之一。中国有巨大的国内市场，云和电子商务领先者（电商中的阿里巴巴、社交的腾讯和搜索的百度）在全球市场的地位日益突出。中国品牌智能手机制造商 2015 年将占全世界智能手机市场的 40%。

第二节　Gartner：2015 年 IT 领域十大热点

Gartner 预测，2015 年全球 IT 支出将平稳增长到 3.8 万亿美元，同比增长 2.4%。2015 年终端设备市场（包括 PC、手机、平板和打印机）支出增长率将达到 5.0%。智能手机市场将朝着高、低价位两极化发展。在高端机方面，2014 年平均售价为 478 美元的高端手机增长主要由 iOS 主导。而在另一端，2014 年 Android 和其他开放式操作系统手机的增长，主要来自平均售价 100 美元以下的基础款手机。这使得中等价位智能手机的市场商机日益渺茫。

2015 年数据中心系统支出预计将达到 1430 亿美元，同比增长 1.8%。该市场在企业通信应用程序与企业网络设备领域增长率有所提升，但服务器及外接控制器存储设备领域增长率可能有所下降。增长率变化的背后因素是汰换周期延长以及转移至云端服务的情况超出预期。

一、无处不在的计算

随着移动设备日益普及，Gartner 预测，未来会愈发重视如何满足移动用户在各种情境与环境下的需求，而非仅聚焦于设备本身。

二、物联网

将各种事物数字化以便结合数据流与服务，就能创造出四种基本使用模式：管理、获利、运营和扩张。这四种基本模式可应用在四种"网络"中任意一种。

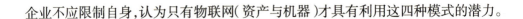

企业不应限制自身,认为只有物联网(资产与机器)才具有利用这四种模式的潜力。

三、3D打印

2015 年全球 3D 打印机出货量可望增长 98%,到 2016 年出货量更将翻倍。3D 打印技术将在未来三年内达到临界点,因为相对低价的 3D 打印设备持续快速发展,工业应用范围亦显著扩展。

四、无所不在却又隐于无形的先进分析技术

随着嵌入式系统所产生的数据不断增加,分析技术将成为市场焦点,企业内外各种结构与非结构的数据都可以拿来分析。大数据仍将是这一趋势的推动者,但必须将重点转移至问题与答案方面,继而再考虑大数据。毕竟技术的价值在于答案,而非信息本身。

五、充分掌握情境的系统

嵌入式智能系统,加上无处不在的分析将促成相关系统的发展,可以对周围环境做出敏捷的反应。Gartner 强调,环境警觉安保产品是这一趋势的早期应用,后续还会有其他相关产品。

六、智能机器

环境感知技术加上深度的信息分析为智能机器世界提供了所需的先决条件。这项基础集合了能让系统认识环境、自我学习以及自主行动的高级算法。自动驾驶汽车原型、智能机器人、虚拟私人助理以及智能顾问都是目前已经实现且未来将快速发展的领域,将带领我们迈入机器助手的全新时代。

七、云/用户端计算

短期之内,云/用户端架构的重点在于内容与应用程序状态在多重设备间同步,以及解决跨设备的应用程序可移植性问题。但长期而言,应用程序将朝着支持同时使用多重设备的方向发展。如今的第二屏幕应用热潮主要着重于电视搭配移动设备的观赏体验。未来,由于该技术和企业应用程序都将利用多重屏幕,将为开发可穿戴式设备与其他设备来提供更好的体验。

八、软件定义的应用程序和基础架构

为了满足快速变迁的数字化商务需求，并且迅速扩展或缩小系统的规模，计算正从静态架构转型至动态架构。这就需要能动态地组合与设定所有必要元素（从网络到应用程序）的规则、模型与代码。

九、网络规模IT

"网络规模 IT（Web-scale IT）"是一种在企业 IT 环境当中提供大型云端服务供应商能力的全球级计算模式。越来越多的企业将像 Amazon、Google、Facebook 等网络巨头一样地思考、行动、开发应用程序及建立基础架构。

十、基于风险的安全和自我防卫

企业将逐渐认识到要提供一个百分之百安全的环境是不可能的。一旦企业承认这点，就能开始采用一些较为复杂的风险评估与缓解工具。就技术而言，认知周边防御的不足以及应用程序必须扮演更积极的安全角色，将带来全新的多层次方法。未来，这将进一步发展成为直接在应用程序当中内建安全防护的全新模式。周边防御和防火墙再也不足以提供保障，每一个应用程序都必须能够自我感知及自我防卫。

第三节　Trend Force：照明、太阳能、智能手机发展预测

Trend Force 预测，2015 年全球照明市场规模将达到 821 亿美元，其中 LED 照明市场规模将达到 257 亿美元，市场渗透率为 31%。2015 全球 LED 照明市场规模，欧洲地区将占有 23%，虽并未见到大规模补贴政策，但其高昂的电价及光文化的差异，将使得 LED 在商用照明与户外建筑照明市场的需求提升。中国市场部份占有 21% 的市场份额。美国市场占有 19% 的市场份额。日本照明市场占有 9% 的市场份额，虽增长有限，但商用照明与工业照明增长潜力巨大。其他新兴市场包括亚洲其他地区、中东与印度及拉丁美洲则将占有 28%。地区性主要驱动力则包括人口数量、政策推动与项目推广。新兴市场大门将于 2015 年大幅敞开。

Trend Force 预测，2015 年全球太阳能市场需求 51.4GW，主要市场为中国、美国、日本，约占整体 57% 的份额，但相较 2014 年略为下滑。新兴市场的崛起

在 2014 年下半年已经展露，2015 年新兴市场的成长将越趋明显，整体需求量将超过 10GW。上游环节多晶硅价格重新下探，硅片追求稳定高效产品。中端制造环节电池片竞争更强，组件端获利可望再提升。材料环节多晶材料会遇瓶颈，单晶 +PERC 将成为 2015 年效率提升焦点。贸易战、财政、电网发展三大变量将深刻影响行业发展。

Trend Force 预测，2015 年全球智能手机出货量将比 2014 年增长 12.4%，增长率将比 2014 年减半，高配低价将是 2015 年主流，只有苹果可以不受影响，另外，中国智能手机品牌出货量在 2015 年可望持续增加，但受到过度竞争影响，微薄的利润将进一步下滑。

第二十三章　2015年世界电子信息制造业
发展形势展望

第一节　整体发展形势展望

2015 年，金融危机的影响仍将影响世界经济乃至世界电子信息产业的发展。然而，世界主要国家对于电子信息产业的高度重视和政策支持将会进一步推动电子信息产业的发展。2015 年，世界电子信息产业有望保持平稳发展态势，市场规模将持续扩大，预计将维持在 4% 左右；智能制造将继续引领现代信息技术创新发展；全球电子信息并购重组规模也将进一步扩大；互联网、移动互联网的快速发展将全面变革传统产业，催生新的商业模式诞生。

一、电子信息产业市场规模持续扩大

2008 年爆发的全球金融危机对世界电子信息产品市场带来巨大负面影响，导致 2009 年世界电子信息产业市场规模骤然下降。在此情形下，主要发达国家纷纷出台缓解危机的应对政策，使得 2010 和 2011 年的世界电子信息产业表现出回暖态势。然而，全球经济发展的持续波动态势以及电子信息产业欠佳的内生动力使得 2012 年世界电子信息制造业的产销值年增长率降至 2009 年金融危机后的最低点。2013 年，随着世界经济的逐步复苏，全球电子信息产品市场呈现回升增长态势。2014 年，由于法、德等核心国经济回暖以及希腊经济扭转颓废局面，欧元区和欧盟 GDP 同比增速略有回升，世界电子信息产业回暖态势得到进一步延续。2015 年，电子信息产品市场规模将会持续扩大，会维持 3.5% 到 5% 的增速，电子信息产业市场规模预计将达到 21025.51 亿美元，年均增长率约为 4%。

185

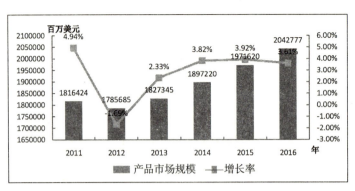

图23-1　2011—2016年世界电子产品市场情况及未来发展预测

数据来源：The Yearbook of world Electronics Data 2013，赛迪智库整理，2015 年 3 月。

二、智能制造引领技术创新发展方向

在现代信息技术引领新一轮创新的趋势下，全球正在掀起以"互联网＋"、智能制造为核心的技术创新浪潮。2014 年初，美国工业互联网联盟（IIC）成立，希望通过 IT 技术与设备的相互融合渗透，快速提升目前产业的效率并创造出新兴产业，以助推美国"再工业化"的国家战略。德国"工业 4.0 战略"围绕"把握住新工业革命的先机，确保德国保持其制造业的国际领先地位"的核心目标，计划投资 2 亿欧元提升制造业的智能化水平，建立具有适应性、资源效率及人因工程学的智慧工厂，在商业流程及价值流程中整合客户及商业伙伴。智能制造以数据系统、实时运营、员工创新、客户中心为四大发展方向，将成为未来信息技术与传统领域融合发展的战略制高点，也将是未来全球信息产业竞争的焦点内容。

2015 年，现代信息技术与制造技术的融合创新能力将进一步提升，使制造业的网络化、数字化、自动化水平明显提升，并进一步向智能制造靠近。智能制造也将走向更加广阔的领域。例如，智能制造与能源领域的加速融合，将突破目前的分散式发电技术、智能电网和太阳能发电，未来还将实现能源互联网。智能制造已经成为实施创新驱动发展战略、建设创新型国家的重要内容，将成为引领各个技术产业创新的重要源动力。

三、龙头企业并购重组规模加剧

2014 年，国内外电子信息企业并购重组行为会集中爆发，亚太、北美和欧洲地区将成为全球电子信息产业投融资市场的"领跑者"。据汤森路透数据显示，

2014 年前四个月，全球范围已经公布的价值超过 50 亿美元的并购案例便高达 35 起，远超过 2013 年前四个月的 9 起，成为 2007 年以来同期并购数量的最高值。投资银行服务商 Coady Diemar Partners 的相关数据也表明，涉及"广告技术和服务"内容的并购交易数目在 2014 年高达 100 起，同比增速为 32%；并购交易金额为 75 亿美元，同比增速超过 300%。预计 2015 年，全球电子信息领域的并购重组规模将进一步扩大。

随着全球化进程的加快和新一代信息技术的发展，2015 年爆发的大型并购投资活动跨界、跨境特征将更加明显。一方面，大型收购企业的并购目的将以开拓上下游产业领域或挺进新兴业务领域为目的；另一方面，国内外 IT 巨头将纷纷加大海外投资与并购力度，以增强其在跨境市场的竞争力。这种大规模的战略性并购重组不仅会推进行业扩张的速度，还会改变行业格局。2015 年，国内外并购市场在市场环境的推动和政策利好因素鼓励下，跨界并购的火爆势头将继续延续，更多电子信息领域的企业将加入这个行列，利用跨界并购实现发展路径和商业模式的创新。

四、互联网渗透力催生新兴商业模式

互联网、移动互联网的快速发展使其迅速拓展到经济发展的各领域、各个方面，并获得深入、广泛的应用。互联网与信息技术和经济活动的融合，加快了产业结构转型升级和生产组织方式变革的速度，推动了经济发展提质增效的进程，也催生出新兴商业发展模式。以移动互联网、云计算、物联网等为代表的新兴领域的快速发展使得价值链关键环节发生转移，加工制造环节的附加值呈现减少趋势，世界龙头企业均以内容和服务环节为核心加速重组产业链，力求夺取产业链主导权；工业机器人、3D 打印和新材料等各类高端技术将得以推广运用与集成化发展，并不断向成熟化方向迈进，最终引领世界制造业生产模式发生颠覆性变革。

2015 年，以互联网为代表的现代信息技术将得到更广泛的应用，形成一批辐射范围广、带动作用强的产业新增长点。推进自主、安全信息技术和产品在工业各领域的广泛应用为世界电子信息制造业发展带来新机遇，加强应用电子产品的系统研发和智能化应用将推动产业格局发生重大变革。

第二节　重点行业发展形势展望

一、计算机行业

（一）PC 需求继续缓慢萎缩

从市场总量上看，PC 行业的需求一直处于缓慢下滑状态，企业对新 PC 的需求在减弱。根据 2014 年 9 月市场研究公司 TNS 实施的调查，PC 仍然是工作中最常用的设备，但是在美国雇员中 PC 使用量已从 2011 年的 84% 下降至 2014 年的71%；移动设备如智能手机、平板电脑在工作场景中更常见，发挥更大作用，移动设备与 PC 之间的界限日益模糊。

根据 IDC 的分析和预测，2014 年全球 PC 出货量为 3.086 亿台，较上年下降2.1%，降幅小于此前的预期。2015 年，受美元坚挺以及缺乏新品而难以提振销量等因素影响，全球 PC 出货量将比原先的预期量进一步下滑。IDC 表示，2015年全球 PC 出货量将下滑 4.9%，而不是此前预计的下滑 3.3%。在 2014 年最后一个季度，PC 销售商买进了比预期数量更多的电脑，以此抢在 2015 年初微软开始缩减补贴之前进一步增加库存。

（二）物联网应用为计算机行业提供新的发展机遇

越来越多的智能和连网设备推动物联网技术的快速发展，可穿戴设备、智能电视、智能家居相关产品极大丰富了物联网技术的应用场景，也为 PC 行业提供了新的机遇和出路。以云计算为支撑，物联网技术有望快速落地应用。在这个过程中，PC 作为计算环境中的核心设备，其重要性将无与伦比，有望重新焕发生机。

（三）服务器芯片多架构并存

市场上 x86、ARM、Power 多元演进的态势继续深化。英特尔的 x86 架构占据主导优势；ARM 架构的低功耗特性以及在移动终端市场的霸主地位使其在企业级市场的空间很大；IBM 在将 x86 服务器卖给联想后将大力发展自己的POWER 架构，构筑开放联盟，使处理器架构竞争更激烈。预计在 x86 领域，中国厂商的技术实力和市场影响力将进一步增强，在国内涉及金融、电力等重要行业关键业务领域得到广泛应用。在非 x86 领域，国内以开放 POWER 处理器为核心的产业生态圈将逐渐成型，具有自主定义能力的 Power 芯片服务器有望推出并进入国内市场。

（四）定制化服务器进一步抢占市场

在超大规模数据中心使用的服务器，通常对处理器、主板、机架、扩展单元、存储单元等都有着特殊的要求，在功耗、输入 / 输出能力方面做到通用服务器难以达到的改善。为了满足这部分用户，未来的服务器厂商就需要在整个服务器平台上有自己的创新性，以满足不同用户的需求。更大的定制化服务功能的开启，也成了当前服务器厂商们走出同质化竞争的突破口。随着虚拟化、云计算等新一代信息技术的普及程度进一步提高，基于大型服务器的私有云方案能够提供更为理想的性能密度比，而且在整体成本、可靠性方面都具有优势。越来越多的行业用户开始采用基于大型服务器的私有云解决方案，来改造原有的数据中心结构，这种趋势将长期推动四路及以上服务器的增长，在高端领域占优的厂商将长期被看好。随着云计算和大数据的落地，2015 年服务器的融合架构和集成系统将会获得快速发展，高端定制化服务器市场将成为厂商争夺的焦点。

二、通信设备行业

（一）新兴市场成为拉动智能终端行业发展的主要动力

2015 年，全球智能手机出货量有望达到 14 亿部，同比增长率约为 12%，增速趋缓。全球市场平板电脑的出货量同比增长率为 8.0%，增速将首次至个位数。与此同时，新兴市场继续保持快速增长，成为拉动智能终端行业发展的主要因素。预计 2015 年新兴市场的市场增速将达到 33.3%，其中印度市场增速可能高达 63.5%，是我国市场增速的六倍，非洲、拉丁美洲以及东南亚等地区也将会保持高速增长态势。

表 23-1　2014、2018 年全球智能手机出货量和市场份额预测

类别	地区	新兴市场	成熟市场	合计
2014年	出货量	9.21亿部	3.32亿部	12.52亿部
	占有率	73.50%	26.50%	100.00%
	增长率	32.40%	4.90%	23.80%

（续表）

类别	地区	新兴市场	成熟市场	合计
2018年	出货量	14.63亿部	3.76亿部	18.39亿部
	占有率	79.50%	20.50%	100.00%
	增长率	8.30%	2.70%	7.10%
5年复合增长率		16.00%	3.60%	12.70%

数据来源：IDC，2014年8月。

（二）新技术、新产品层出不穷，智能终端产业进入后摩尔时代

随着产业成熟和竞争激烈，移动智能终端产业产品和技术的创新迭代加快，产业发展突飞猛进。例如，64位处理器、十六核/三十二核、4GB/8GBRAM、10nm工艺制程技术等核心技术进入常态化发展阶段，智能终端的发展步入后摩尔时代。此外，4K/8K显示屏、曲面显示、蓝宝石屏幕、可折叠屏幕、无边框技术、软硬件安全化等新兴技术的接连出现，也昭示了智能终端产业的后摩尔时期。为来，智能手机的软硬件性能将追赶PC，以用户需求为主的应用程序和硬件配置占据核心地位。

（三）智能手机与平板电脑融合，进一步侵蚀PC市场

2014年苹果6以及苹果6 plus的推出，使大屏手机进入发展主流，并模糊了与平板电脑的界限。未来，随着智能手机屏幕的不断变大以及平板电脑尺寸不断缩小，大屏幕智能手机将与平板电脑融为一体，成为大尺寸平板手机。在平板电脑用户饱和度逐渐提升、市场需求日益缩小的情况下，大尺寸平板手机将成为人类的主导性信息通讯设备。而大尺寸平板手机市场规模的扩大，将进一步侵占PC的市场空间。大尺寸平板手机将成为通讯、娱乐、社交和办公的主要工具。

（四）低端智能手机硬件"零利润"或"负利润"，促使智能手机角色转变

随着移动互联网的迅猛发展和电子信息制造业技术的不断提升，以及硬件原材料成本上升和价格战的影响，低端智能手机将向硬件零利润过渡，甚至出现"负利润"，用户可实现不付费或少付费购买低端智能手机。届时，智能手机扮演的角色将发生改变，将成为应用程序的分发渠道和应用入口，主要手机企业靠提供应用软件和增值服务业务赚钱成为大势所趋。新的商业模式如企业把运营成本、硬件毛利、大量的广告费、渠道费灯全都让利给用户，从而在应用分发、游戏联

运、电商等方面实现盈利。

（五）智能手机成为智慧家庭的控制中心

未来，智能手机将进军智慧家庭系统，成为数字家庭和智能家居控制的终端，是手机集合功能的一步迈进，也是智能生态的体现。智慧家庭的实现，离不开"终端、网络、服务"三位一体的集成体系，其中，"终端"实现功能的主体是智能手机。苹果、三星、谷歌、霍尼韦尔等典型企业所主推的智能家居解决方案，其关键环节便是通过手机上安装相应的 App，从而与各个智能设备相连接。由此可见，智能手机未来有望成为智慧家庭的关键控制节点，通过智能手机控制数字家庭中各个智能终端。

（六）围绕 NFV、SDN、超宽带等网络设备热点的技术创新不断涌现

一方面，互联网业务的蓬勃发展和多种颠覆性新技术的出现对通信网络的各项指标提出了更高的要求。另一方面，信息技术的进步，尤其是数据中心和云计算技术的成熟和广泛应用推动通信网络向超宽带的云化网络发展。高性能、低传输成本和个性化是网络面临的三大主要需求。NFV、核心网 IP 化、SDN、云是网络满足需求的必要技术。宽带化、移动化、泛在化和融合化将是网络的发展趋势。全方位超宽带接入、新一代移动技术、睿智光传输网络、新型 IP 网络等技术将成为产业创新的主要发力点。

三、家用视听设备行业

（一）全球经济缓慢复苏，彩电产业增速继续放缓

2014 年，受大型体育赛事拉动以及新兴市场快速增长的影响，2014 年全球彩电产业规模持续扩大，增速稳中有升。据市场研究机构 WitsView 报告显示，2014 年液晶电视总出货量为 2.15 亿台，同比增长 5.4%，品牌年度销售计划的完成率高达 93%。展望 2015 年，全球经济将延续缓慢复苏态势。据世界银行发布的《全球经济展望》预测，2015 年世界经济将增长 3%，增速比 2014 年提高 0.4 个百分点。但一些影响经济增长的因素依然存在：国际金融市场持续动荡、油价下跌导致原油生产国经济受挫、日本经济继续下行、中国继续调低经济增长预期，这些不稳定因素会极大影响各国消费者的需求和购买力水平。加之缺乏全球性体育赛事的拉动，全球彩电产业增速将有所放缓。预计全球彩电出货量将会达到 2.23

亿台，同比增长 3.7%。

（二）显示技术继续快速推进，内容瓶颈依然难以全面突破

2014 年 4K 电视凭借着超高清的分辨率以及出众的性能表现，无疑成为了彩电市场的绝对主角。2015 年随着产业链的日趋成熟，上游面板价格持续走低，4K 电视将进入快速普及阶段，预计 2015 年中国 4K 电视的销量将达到 1809 万台，消费占比有望达到 40% 以上。但 4K 超高清片源和相关视频内容匮乏的事实却依然存在。这无疑会严重影响 4K 电视的进一步渗透。预计 2015 年随着电影制片商、视频内容制造商积极开发 4K 视频资源，以及发达国家开始试播 4K 信号，2015 年 4K 片源瓶颈将有所改善。彩电产业的加速升级、消费者需求的不断提升、4K 电视价格更加亲民以及 4K 内容更加丰富等因素都会促使 4K 电视在 2015 年进入普及和常态化发展，消费占比有望达到 40% 以上。与此同时，8K 电视在 2015 年将成为众多企业技术研发和产业布局的重点。京东方、三星、夏普、LG 等面板企业已经全面布局 8K 显示屏。8K 分辨率是 4K 超高清分辨率的 8 倍，且 8K 电视水平观看角度达到了 100 度，远超过 2K、4K 电视水平观看角度的 55 度。在平板显示行业竞争环境日益激烈的背景下，8K 等技术创新竞争将成为显示产业上下游着力的关键点。

（三）电视智能化水平大幅提升，平台作用日益凸显

随着应用软件、云计算、大数据技术的加快应用，电视智能化水平将得到快速提升。运用云计算、大数据的深度学习功能，精确分析用户行为、动机和习惯，自动搜索、匹配解决方案，交互技术、语音识别等技术使得彩电的操控变得越来越简单且更加人性化。伴随电视 IT 化的发展，与家庭生活密切相关的情景应用、电视游戏类的应用、网络购物类的应用都会充分渗透到电视的内容中。同时互联网思维的导入，让彩电特性发生了本质改变。电视已从"单纯的终端产品"变成集"讯息、应用、监控、数据"等为一体的个性化交互、入口平台。电视的平台作用日益凸显。另外，彩电企业也纷纷开始从单纯的硬件盈利向软硬件结合的盈利模式进行探索和尝试，内容将会成为电视的又一盈利方向。

四、平板显示产业

（一）高世代线相继投产带动市场稳步增长

2015 年，全球平板显示产业将呈现平稳发展态势。受我国大陆地区多条高世代线进入量产的影响，全球产业产值将保持 5% 左右的增长。液晶显示仍将是平板显示的主流，以 LTPS TFT 和 Oxide TFT 为背板技术的液晶面板市场占有率快速提升。受智能移动终端和可穿戴设备的带动，AMOLED 应用将出现快速发展势头，另外，激光显示、柔性显示、3D 显示等新兴技术也具有较好的发展前景。

（二）中国成为全球产业发展中心

从整体供需的角度看，受经济危机和供需平衡等因素影响，近年来国际大厂放缓了产能投资。我国是世界上最大的显示终端生产国和消费国，预计到 2015 年我国彩电产量将超过 1.5 亿台，其他电子终端产品也将持续增长，受终端市场带动，我国将成为全球产线建设最为积极的地区。截至 2014 年年末，全球显示器件（面板）的累计投资为 2000 亿美元，其中我国累计投资超过 300 亿美元。到 2016 年前后，我国还将在显示器件（面板）累计投资 300 亿美元左右，届时我国面板出货面积将有望超过中国台湾位居全球第二。

（三）新应用成为产业拉动新引擎

车载显示、公共显示已成为显示产业最新增长点。随着智能手机市场的不断成熟，价格战日趋激烈，手机面板价格不断下滑，2014 年手机面板平均价格降幅为 14%，预计 2015 年，仍将出现两位数的下跌幅度。为保持营收水平和利润率，全球各大面板企业一方面通过调整产能降低生产成本，另一方面则积极开拓新兴应用市场，其中，公共显示、医疗显示以及车载显示将是增长的主要动力。预计 2015 年，受政府在教育领域推动以及数字标牌等产品的普及，全球公用平板显示将进一步增长，出货量将增长 27%。车载显示则将逐渐从后装市场向前装市场扩张，未来三年，出货量年平均增长率将超过 30%。高分辨、宽屏以及色彩表现度等技术上的进步为医疗显示提供了更大的市场，全球出货量年复合增长率将以 5% 左右的速度稳步增长。

五、太阳能光伏行业

（一）战略地位不断提高，行业关注度将加速提升

2015年，随着全球经济的全面复苏和以石油为主导的化石能源经济的竞争加剧，大宗商品价格震荡发展特点更为显著，世界各主要国家对能源的需求将大为提升，从而导致全球化石能源加速枯竭，能源危机进一步恶化。同时，太阳能光伏产业作为最具发展前景的可再生能源产业，越来越受到各国政府的高度重视，成为当前世界各国激烈竞争以抢占未来综合国力竞争优势的关键领域。除传统欧洲市场外，美国、日本、印度、澳大利亚、巴西以及中亚、非洲等主要国家和地区均不断加大对光伏产业的扶持力度，预计2015年这一趋势将更加明显，光伏产业已成为发展中国家解决居民用电、发达国家角逐能源主导权的新的着力点。

（二）产业发展持续回暖，行业整合将进一步深入

随着全球经济平稳复苏，各国均持续加大对太阳能光伏等新兴产业的投入，推动光伏产业逐步企稳回升，产业发展环境进一步优化。与此同时，前期行业整合过程中，不少技术水平偏低、资金状况欠佳、不具综合竞争优势的企业已停产甚至破产倒闭，部分落后产能已被市场淘汰，行业发展结构性产能过剩矛盾得到一定缓解，主要企业利润空间增长，多方面因素共同作用，都预示了2015年全球光伏产业将有望进一步向好发展。此外，全球光伏产业深层次的行业整合仍在继续，主要企业并购重组和全球产业布局加速，产业仍处深度调整期。预计2015年全球光伏组件产量将超过60GW，前10大组件企业占比将进一步提升。

（三）应用市场继续扩大，新兴市场将成为主体

目前，随着世界各主要光伏应用市场的政策支持继续加强，以及光伏应用技术的不断成熟和完善，太阳能光伏作为新能源重要组成部分的地位不断增强，促使全球光伏应用市场继续扩大。2015年，在各主要市场政策驱动下，全球光伏应用水平将进一步提升，新增光伏装机量将有望超过60GW，累计装机量接近250GW。与此同时，欧洲传统光伏市场动力减弱，中国、美国、日本以及亚非拉等新兴光伏市场将加速发展，并将逐步成为全球光伏市场发展的主要增长点，预计中、美、日三国市场占比将由2014年的60%上升至70%。

（四）创新驱动效应增强，技术路线多样化发展

光伏产业作为半导体产业与新能源需求相结合产生的战略性新兴产业，半导体基本工艺以及新能源系统集成等技术的创新发展，对光伏产业发展驱动效应不断增强。预计 2015 年，产业技术创新在推动光伏产业技术进步及企业竞争力提升等方面的支撑作用将进一步增强，通过规模效应降低成本的传统发展模式将逐渐被取代。与此同时，由于晶硅技术产业化转换效率不断接近理论极限，未来发展空间继续压缩；新型薄膜电池、异质结电池、有机太阳电池等新型技术均加快发展，光伏产业技术路线将由原来晶硅技术主导的单一技术路线，转为多种技术并行发展的多样性技术路线并存，或推动新一代颠覆性光伏技术的产生。

六、半导体照明（LED）行业

（一）产值将保持平稳增长态势

根据高工 LED 预测，2015 年全球 LED 产值年增率将为 7.5%，达 300 亿美元；总 LED 使用颗数将达 1860 亿颗，年增率为 32.6%。其中，使用量年增率最高者为照明，将达 65%。以 LED 使用量比重分布来看，2015 年照明应用占比将达 49.3%，较 2014 年高出 9.9 个百分点。其中，以公共照明市场中 LED 灯管使用的光源占比较高，将达 37.4%。其次，LED 灯泡将朝平价化发展，该类光源占比将达 32.5%。

（二）显示用 LED 光源将呈现爆发式增长

预计 2015 年 LED 光源出货量呈逆势增长产品为电视机背光用 LED 光源，其增长动力来自侧光式 LED 电视比重提升、4K 电视出货量呈倍数增长、高端曲面电视及量子点电视兴起等。而 2015 年延续 2014 年出货量呈正向增长的应用包括屏幕朝大尺寸及高精细度发展的智能手机、小间距显示屏及车用 LED，使用量年增率介于 13%—24% 间。

（三）中国企业的市场影响力将持续增强

2014 年全球 MOCVD 新增装机数量将达 239 台，而 2015 年则因国内部分地方政府持续有补贴的措施出笼，仍维持 170 台以上的装机规模。预计未来 LED 芯片厂商将会呈现大者恒大的现象。随着中国 LED 芯片厂商的技术提升以及产能释放，中国占全球 LED 芯片产值将在 2015 年持续提升。由于国内封装厂商采

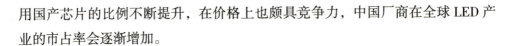

用国产芯片的比例不断提升，在价格上也颇具竞争力，中国厂商在全球 LED 产业的市占率会逐渐增加。

（四）LED 照明用户将更青睐低成本的解决方案

终端照明产品价格的下跌，激发了 LED 照明市场的需求扩张。预计 2015 年 LED 照明产品的成长驱动力仍主要来自于 LED 球泡灯、LED 灯管等替代性光源产品，因此 LED 价格与成本成为客户的考量要件。然而，具有良好性价比的中功率 LED 恰好可以满足 LED 照明产品持续降价的要求，所以未来 LED 厂商仍然会持续寻找更好的散热材料，透过大电流驱动来减少 LED 芯片的使用量，甚至采用 COB 封装 LED 光源也逐渐受到照明客户的青睐。除了 LED 的降价之外，厂商也开始关注驱动电源等其他零部件，希望透过整体系统设计来达到更低成本的解决方案。

后　记

　　《2014—2015 年世界电子信息产业发展蓝皮书》由赛迪智库电子信息产业研究所编撰完成，力求为中央及各级地方政府、相关企业及研究人员把握产业发展脉络、了解产业前沿趋势提供参考。

　　参加本课题研究、数据调研及文稿撰写的人员有：中国电子信息产业发展研究院的罗文、安晖、王世江、温晓君、潘江玲、耿怡、李晓昕、林雨、王茜、金小鹿、张阳、徐永健等。在研究和编写过程中，本书得到了工业和信息化部电子信息司领导，中国光伏产业联盟、中国半导体照明/LED 产业与应用联盟、中国 OLED 产业联盟等行业组织专家，以及各地方工信部门领导的大力支持和指导。本书的出版还得到了院软科学处的大力支持，在此一并表示诚挚感谢。

　　本书虽经过研究人员和专家的严谨思考和不懈努力，但由于能力和水平所限，疏漏和不足之处在所难免，敬请广大读者和专家批评指正。同时，希望本书的出版，能为读者了解世界电子信息产业提供有益参考。

面向政府 服务决策

研究，还是研究
才使我们见微知著

信息化研究中心	工业化研究中心	规划研究所
电子信息产业研究所	工业经济研究所	产业政策研究所
软件与信息服务业研究所	工业科技研究所	财经研究所
信息安全研究所	装备工业研究所	中小企业研究所
无线电管理研究所	消费品工业研究所	政策法规研究所
互联网研究所	原材料工业研究所	世界工业研究所
军民结合研究所	工业节能与环保研究所	工业安全生产研究所

编 辑 部：赛迪工业和信息化研究院
通讯地址：北京市海淀区万寿路27号电子大厦4层
邮政编码：100846
联 系 人：刘 颖 董 凯
联系电话：010-68200552 13701304215
　　　　　010-68207922 18701325686
传　　真：010-68200534
网　　址：www.ccidthinktank.com
电子邮件：liuying@ccidthinktank.com

赛迪智库
面向政府 服务决策

思想，还是思想
才使我们与众不同

编 辑 部：赛迪工业和信息化研究院

通讯地址：北京市海淀区万寿路27号电子大厦4层

邮政编码：100846

联 系 人：刘颖 董凯

联系电话：010-68200552 13701304215
　　　　　010-68207922 18701325686

传　　真：010-68200534

网　　址：www.ccidthinktank.com

电子邮件：liuying@ccidthinktank.com